Jutta Riedel-Henck

33 Cajon-Lieder

Singen und Trommeln auf der Kiste

Melodie
Liedtext
Akkordsymbole
Schlagrhythmen
Handsätze
Drum-Style
Hand-to-Hand-Style

Kompost-Verlag

Autorin

Jutta Riedel-Henck, geb. am 22. Juli 1961 in Aachen, Studium der Musikwissenschaft und Pädagogik in Hamburg, Dozentin in der Kinder- und Erwachsenenbildung, freie Autorin mit eigenem Verlag, Musikerin und Liedermacherin.
Initiatorin der »Rowling Ukes«, Ukulelenorchester im Landkreis Rotenburg/Wümme (ROW).
Homepage: www.jrh-kindermusik.de

Cover-Illustration, Aquarell, Fotos und Gestaltung: Jana Henck
www.jana-henck.de

Satz, Layout und Gestaltung: Jutta Riedel-Henck
Notensatz erstellt mit MuseScore 2.0

1. Auflage
Deinstedt, Juni 2015

www.kompost-verlag.de

ISBN 978-3-945793-01-5

Inhalt

Einführung

Der, die, das Cajon – erlaubt ist, was gut klingt, fern von perfekten Lehrbüchern und verkopfter Theorie.
Während der Kolonialzeit kauften die peruanischen Sklaven afrikanischer Herkunft ihre Kisten nicht in einem gut sortierten Musikfachgeschäft, besuchten keine Workshops, machten sich weder Gedanken um ausgefeilte Schlagtechnik noch orientierten sie sich an berühmten Vorbildern. Ihr Bedürfnis zu trommeln war unmittelbarer Ausdruck ihrer Lebenslust, getrieben vom Drang nach Freiheit und Selbstverwirklichung. Da ihnen der Besitz und Gebrauch von Musikinstrumenten verboten war, trommelten sie auf Kisten, die für den Lebensmitteltransport bestimmt waren.
Heute transportiert die Cajon (span., deutsche Aussprache: Ka'chon) weder Obst, Fische noch Tee – doch im ursprünglichen Sinne Musik als Lebensmittel, um durch Bewegung von Seele, Körper und Geist Energien zu wecken und Emotionen fließen zu lassen.

Inzwischen gibt es eine große Auswahl an Schlagzeugkisten, Bausätzen, diversem Zubehör, Lehrmaterial und kostenlosen Internet-Video-Workshops. Playalongs auf CD oder DVD dienen zum Mitspielen und Üben von Rhythmen unterschiedlicher Musikstile. Auch fertige Musikproduktionen eignen sich zum Mittrommeln. Diesen Angeboten gemeinsam ist, dass die Cajonspieler sich den vorgegebenen Tempi anpassen müssen und ihre Sinne dabei nach außen gerichtet sind. Freies Spiel ohne Hintergrundmusik verlangt dagegen ein hohes Maß an Kreativität und rhythmischer Standfestigkeit.

Aus dem Spiel heraus empfand ich das Singen und gleichzeitige Trommeln als sehr viel ausgeglichener und befriedigender. In meinen Einsteiger-Workshops setzte sich diese Art des Musizierens schnell durch.
Einfache Kinderlieder oder bekannte »Gassenhauer« mit unkomplizierten Texten oder Nonsens-Silben trommelnd zu begleiten, erzeugt ein »ganzheitliches« Gefühl des Musizierens, ähnlich der Verbindung von Musik und Tanz. Es bedarf keiner Begleitband, die Stimmung entspringt der inneren Haltung. Die Kommunikation mit sich selbst und möglichen Mitspielern ist eine stets reflektierende, Tempoveränderungen, improvisierte Breaks und Fill-ins sorgen für lebhafte Unterhaltung und spontane Überraschungen.

Das Lied bietet eine konstant fließende Grundlage, lässt die Trommler auch dann innerlich mits(chw)ingen, wenn der Gesang ausbleibt. Rhythmen prägen sich leichter ein. Sänger, die sich auf Gitarre, Ukulele oder anderen Instrumenten selbst begleiten, können auf diesem Wege die Koordination von Melodieverlauf, Grundschlag und Metrum üben. Wer auf der Cajon singend trommelt, entwickelt zudem eher ein Gefühl für die angemessene Lautstärke und lernt auch leise Töne zu schätzen.

Die in diesem Band versammelten 33 Lieder sind nach Schwierigkeitsgraden geordnet. Es beginnt mit einfachen Grundrhythmen, welche zum Ende hin interessanter und komplexer werden. Natürlich lassen sich alle Lieder auch mit alternativen Rhythmen begleiten. Der Kreativität und Improvisationslust sind hier keine Grenzen gesetzt.

Viel Freude beim (gem)einsamen Singen und Trommeln wünscht

Jutta Riedel-Henck, Mai 2015

Notenwerte

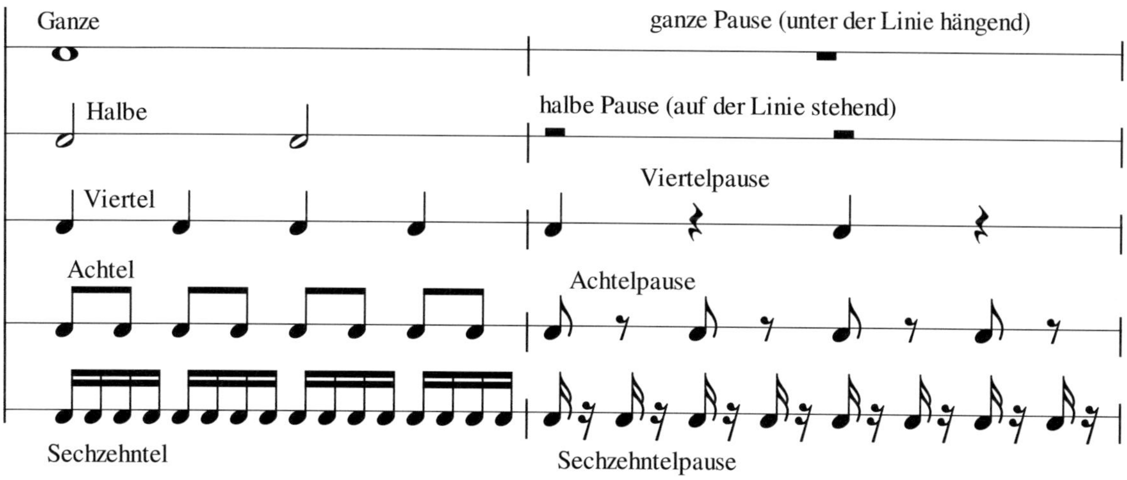

Der Punkt hinter dem Notenkopf (Pausenzeichen) verlängert die Note um die Hälfte ihres eigenen Wertes.

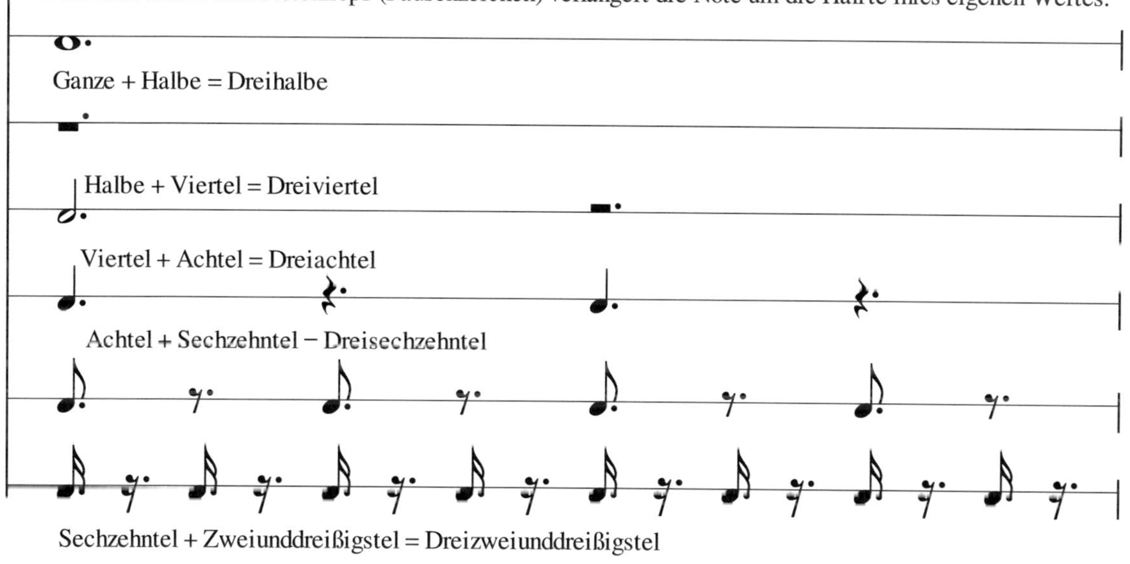

Takt, Beat, Puls und Metrum

Durch die Taktart ergibt sich eine gleichmäßige Abfolge von Betonungsmustern: **Metrum**. In einer 2er-Zähleinheit wie dem 2/4-Takt wäre dies: Betont – unbetont bzw. schwer – leicht bzw. stark – schwach bzw. laut – leise.

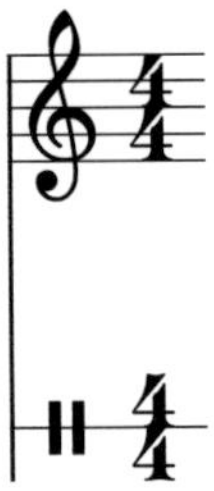

Die für ein Lied passenden Schlagmuster basieren auf der **Taktart**, welche zu Beginn des Notensystems hinter dem Notenschlüssel als Bruch ohne Trennstrich angegeben ist.

Der Nenner bezeichnet den Notenwert des Grundschlages (engl. Beat), der Zähler ihre Anzahl pro Takt. Hier: 4/4-Takt.

In Verbindung mit körperlicher Fortbewegung wie beim Gehen oder Tanzen lässt sich dieses Grundgefühl für Takt und Metrum nachvollziehen. Während wir durch gleichmäßiges Marschieren den **Grundschlag** (Beat, Puls) vorgeben, entsteht mit der Schrittfolge rechts-links als 2er-Takt-Einheit eine Betonung des 1. Schlags durch kräftigeres Auftreten des rechten Fußes.

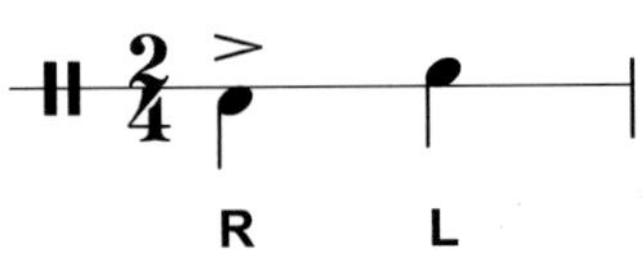

Hier fällt die stärkere Betonung des ersten Grundschlages auf einen Bass-Schlag mit der rechten Hand, gefolgt von einem Ton-Schlag (Snare) der linken Hand.
(Linkshänder können die Handfolge umdrehen.)

Im Verhältnis zu den Metren der verschiedenen Takt-Arten können sich die Begleitmuster an die gegebenen Betonungen halten und auch von ihnen abweichen.

Betont man einen leichten Taktteil (hier die 2. Viertel), spricht man von einem **Back-Beat**.

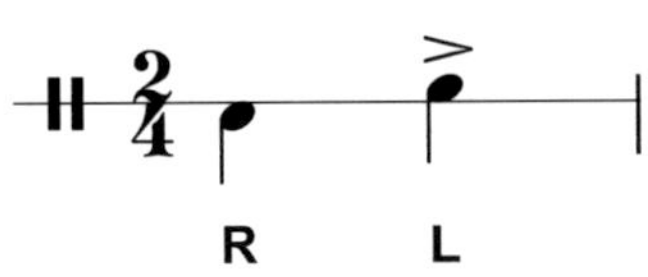

Der Back-Beat wird häufig mit dem Off-Beat verwechselt. Der **Off-Beat** liegt jedoch zwischen den Grundschlägen.

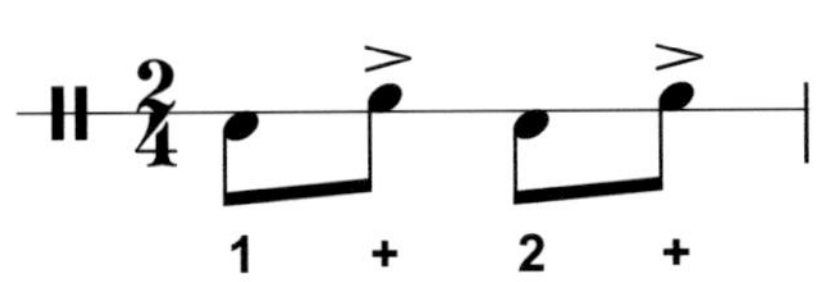

Schlagtechnik

Aus einer Kiste lassen sich viele verschiedene Klänge »herausschlagen", abhängig von Bauform, Material und Verarbeitung der Cajon, dem Ort des Aufschlags und der Hand- und Fingerhaltung des Spielers. Exakte Anleitungen gibt es in speziellen Lehrbüchern. Jeder Autor beschreibt und notiert die Schläge etwas anders.

Die folgenden Abbildungen dienen der groben Orientierung. Wo und wie der Einzelne auf seiner Cajon die tiefsten Bass-Töne, die schnarrigsten Snare- und knackigsten Randschläge erzeugt, probiert er am besten durch spielerisches Abtasten, Klopfen und Schlagen selbst aus.

Getrommelt wird auf dem oberen Bereich (ca. oberes Drittel, bei kleinen Modellen obere Hälfte) der Schlagfläche.

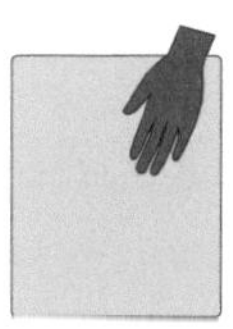

Die Innenfläche der ganzen Hand schlägt den **Bass**.

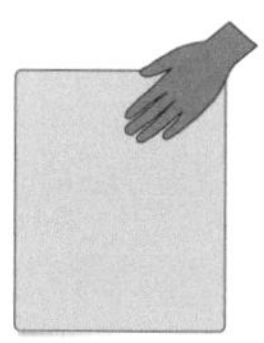

Der **Ton** (Snare) wird in der oberen Ecke bei schräger Handhaltung ohne Daumenballen geschlagen.

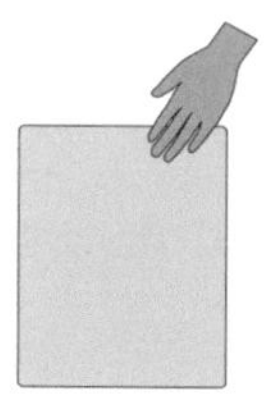

Die dritten Fingerglieder tippen leise auf die Schlagfläche: **Tipp**. (Der Ort kann abhängig vom Handsatz variieren.)

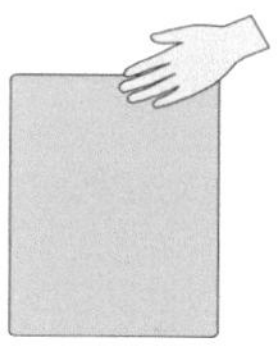

Ein knackig heller **Slap**-Ton wird mit der äußeren Handkante und lockeren Fingern am oberen Rand geschlagen.

Notation:

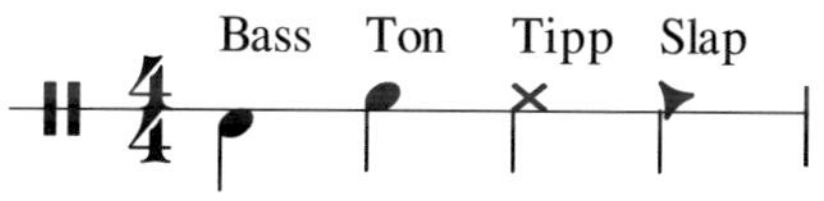

Beim **Drum-Style** spielt die rechte Hand den Bass, die linke Ton, Tipp oder Slap. Linkshänder spielen den Bass mit links. Dieser für Anfänger leicht zu spielende Handsatz ist im Buch direkt unter der Melodie-Zeile notiert (mit Ausnahme gelegentlicher Breaks).

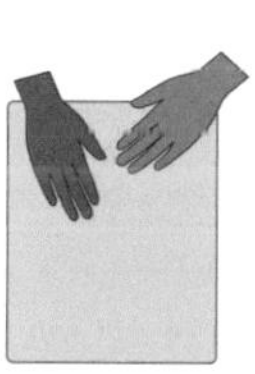

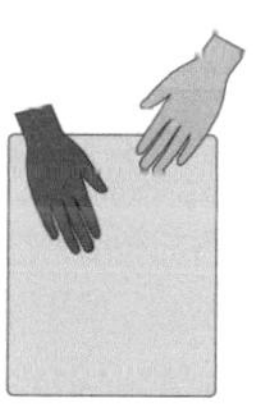

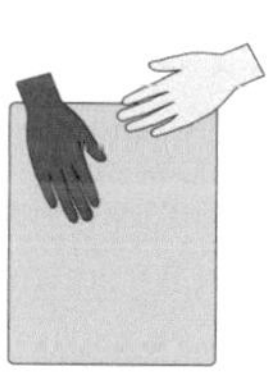

Beim **Hand-to-Hand-Style** schlagen beide Hände abwechselnd einen durchlaufenden Groove. Durch das Setzen von Akzenten und den Wechsel der Schlagtechniken wird der Hauptrhythmus erzeugt. Der Handsatz für diesen Style befindet sich am Ende eines Liedes.

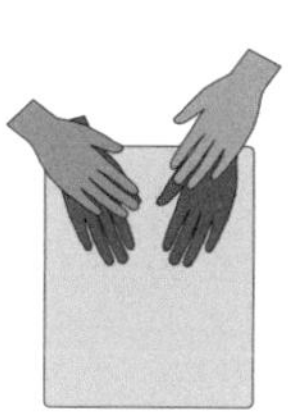

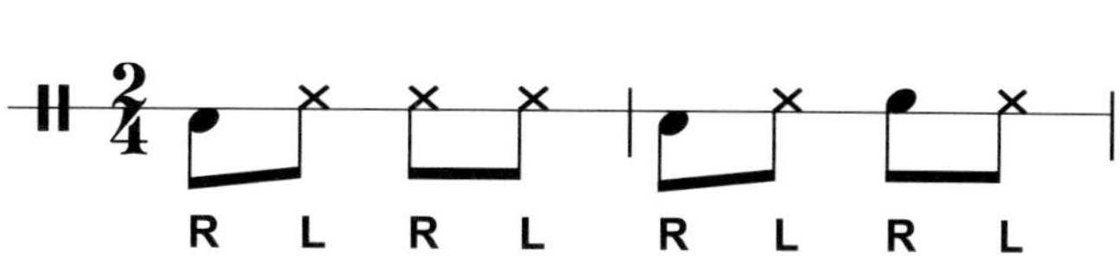

Auf der Mauer, auf der Lauer

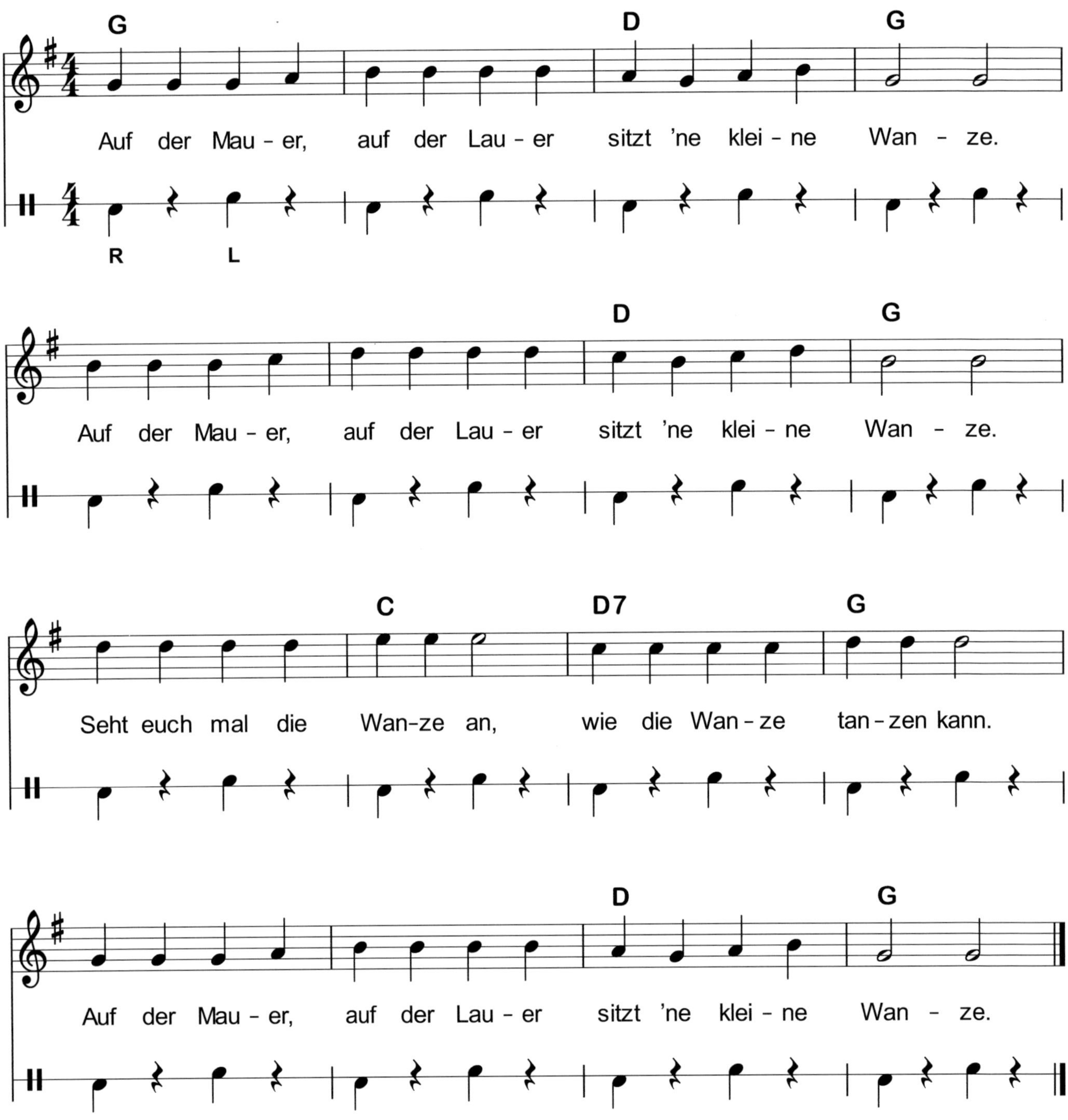

Volkslied, seit Anfang des 20. Jahrhunderts überliefert.

Bei dem Lückentextlied »Auf der Mauer, auf der Lauer« werden bei jeder Wiederholung der Wörter »Wanze« und »tanzen« einzelne Buchstaben am Wortende weggelassen: »Wanz tanz«, »Wan tan«, »Wa ta«, »W t«, »... ...« (Pausen). Anschließend beginnt es wieder mit den ersten Buchstaben und die noch fehlenden werden strophenweise hinzugefügt.

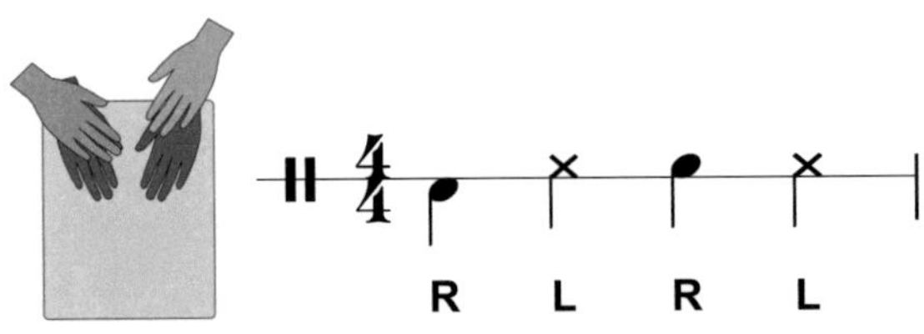

Ein Lied

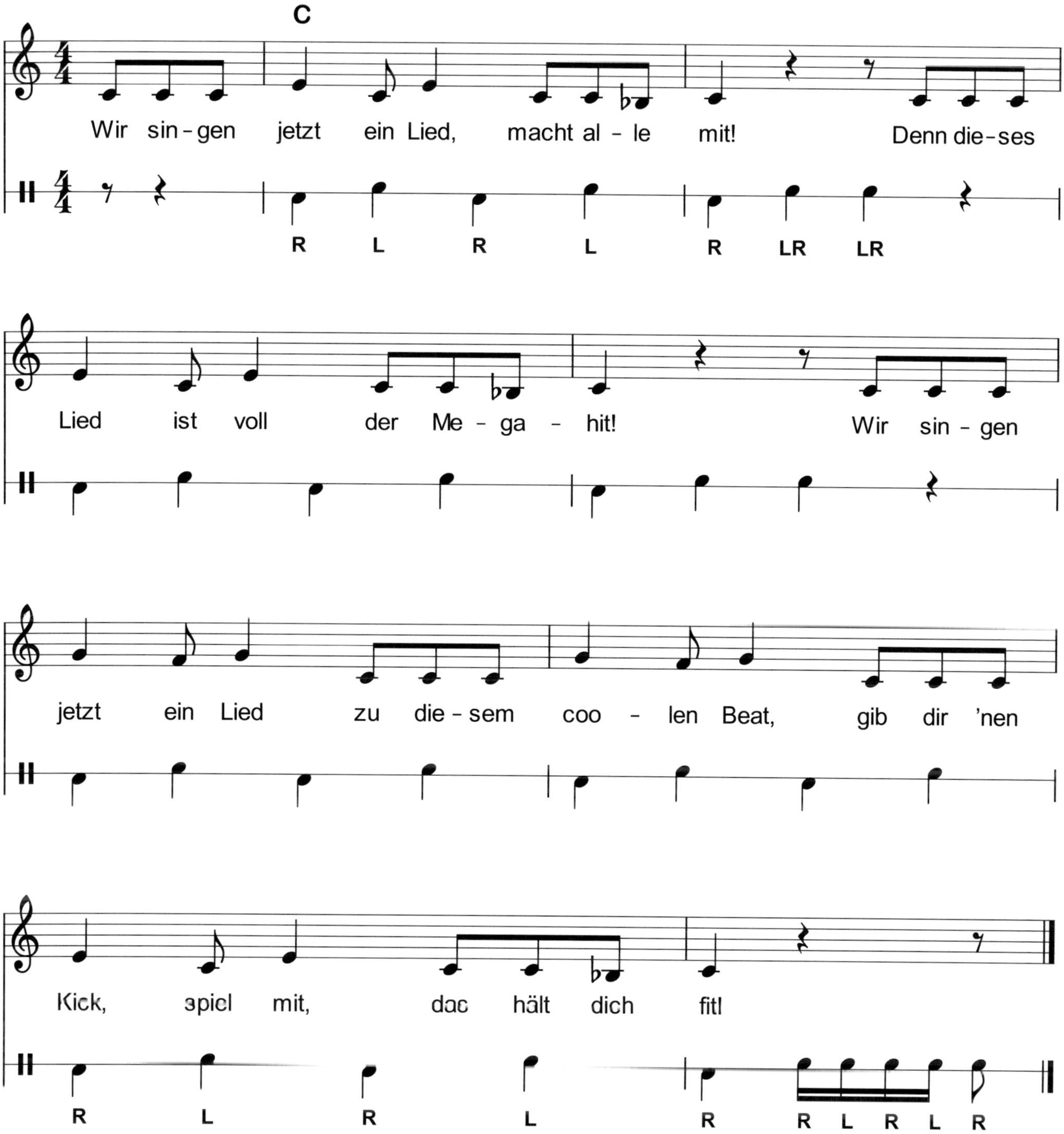

Melodie und Text: Jutta Riedel-Henck

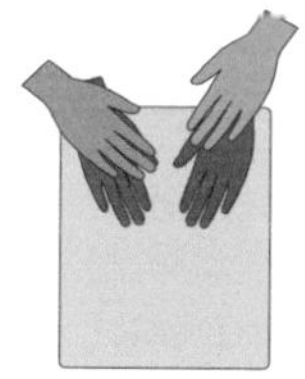

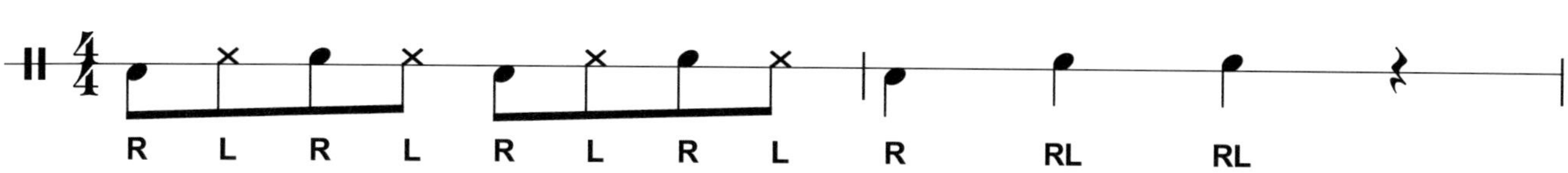

Die Affen rasen durch den Wald

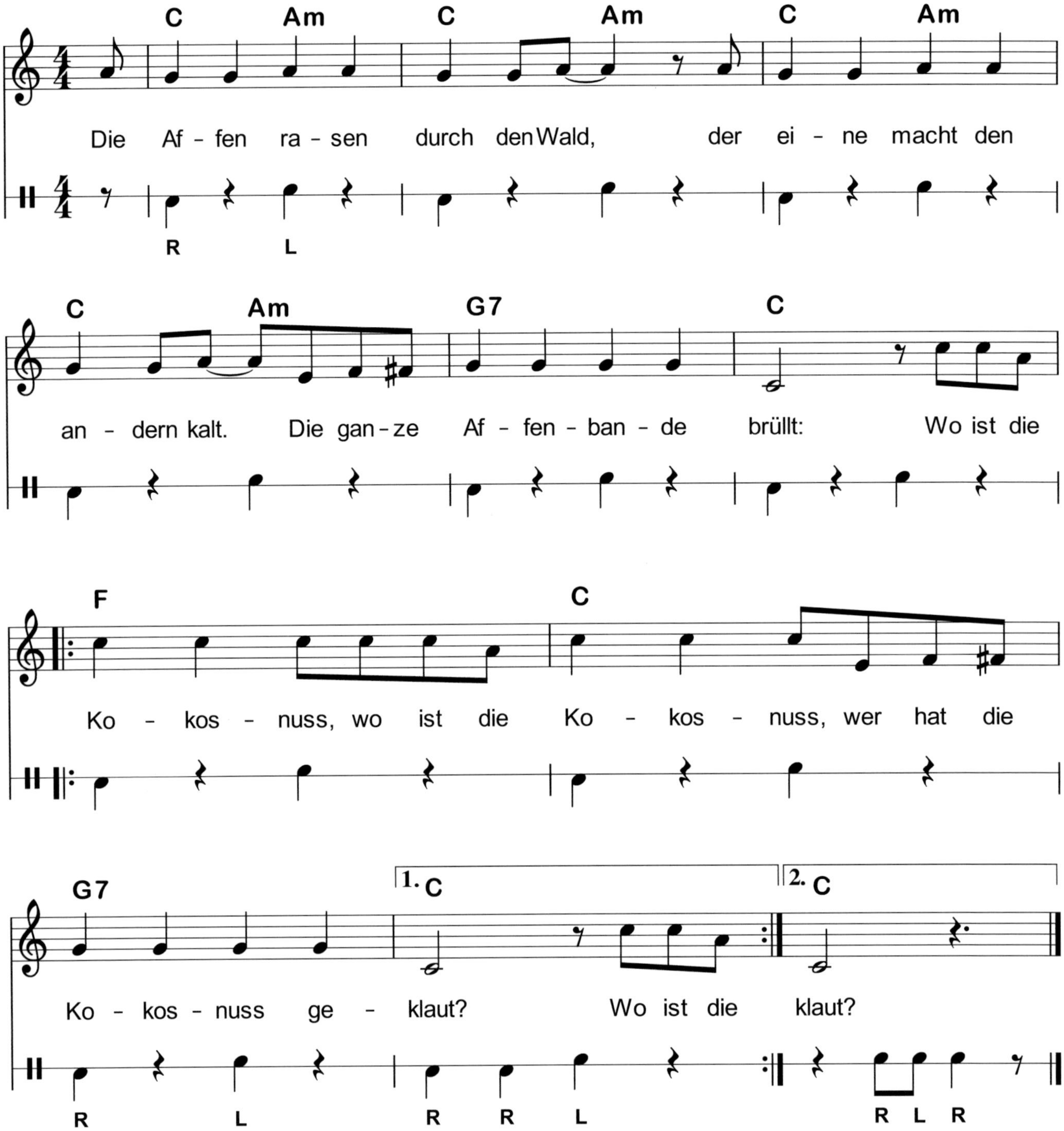

Volks- und Kinderlied, Mitte 20. Jahrhundert, Verfasser unbekannt.

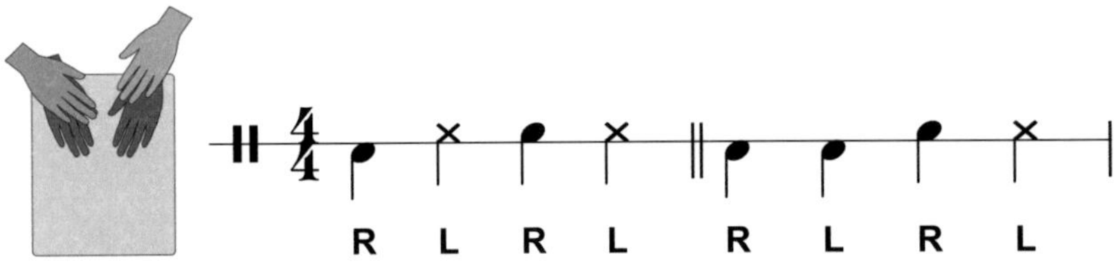

2. Die Affenmama sitzt am Fluss
und angelt nach der Kokosnuss,
die ganze Affenbande brüllt:
|: Wo ist die Kokosnuss?
Wo ist die Kokosnuss?
Wer hat die Kokosnuss geklaut? :|

3. Der Affenonkel, welch ein Graus,
reißt ganze Urwaldbäume aus,
die ganze Affenbande brüllt:
|: Wo ist die Kokosnuss?
Wo ist die Kokosnuss?
Wer hat die Kokosnuss geklaut? :|

4. Die Affentante kommt von fern,
sie isst die Kokosnuss so gern,
die ganze Affenbande brüllt:
|: Wo ist die Kokosnuss?
Wo ist die Kokosnuss?
Wer hat die Kokosnuss geklaut? :|

5. Der Affenmilchmann, dieser Knilch,
er lauert auf die Kokosmilch,
die ganze Affenbande brüllt:
|: Wo ist die Kokosnuss?
Wo ist die Kokosnuss?
Wer hat die Kokosnuss geklaut? :|

6. Der Elefant im Urwald spricht:
Hier in dem Dickicht ist sie nicht,
die ganze Affenbande brüllt:
|: Wo ist die Kokosnuss?
Wo ist die Kokosnuss?
Wer hat die Kokosnuss geklaut? :|

7. Das Affenbaby voll Genuss
hält in der Hand die Kokosnuss,
die ganze Affenbande brüllt:
|: Da ist die Kokosnuss!
Da ist die Kokosnuss!
Es hat die Kokosnuss geklaut! :|

8. Und die Moral von der Geschicht':
Klaut keine Kokosnüsse nicht,
weil sonst die ganze Bande brüllt:
|: Wo ist die Kokosnuss?
Wo ist die Kokosnuss?
Wer hat die Kokosnuss geklaut? :|

Tick tack (Kanon)

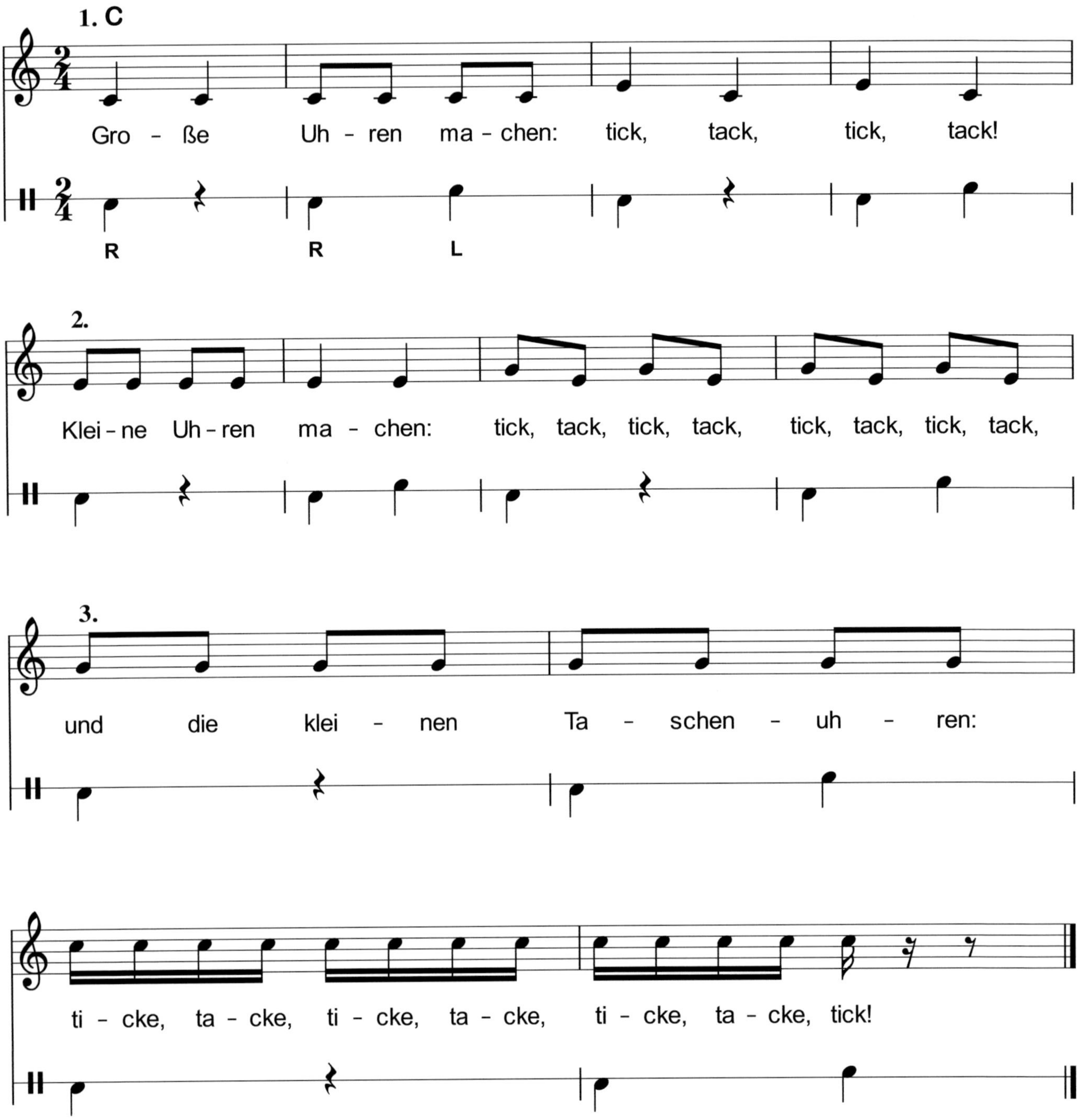

Melodie und Text: Carl Karow (1790–1863).

Die Melodie dieses Kanons eignet sich gut zur Veranschaulichung der unterschiedlichen Notenwerte. Auf der Cajon lässt sich ihr Rhythmus durchgängig mit beiden Händen abwechselnd schlagen, entweder als Ton, Bass oder auch gemischt: z. B. alle Achtel als Ton, die Viertel als Bass, die Sechzehntel als Tipp.

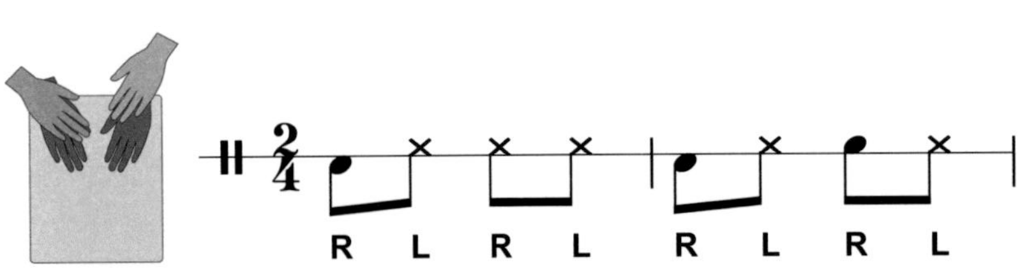

Ein Männlein steht im Walde

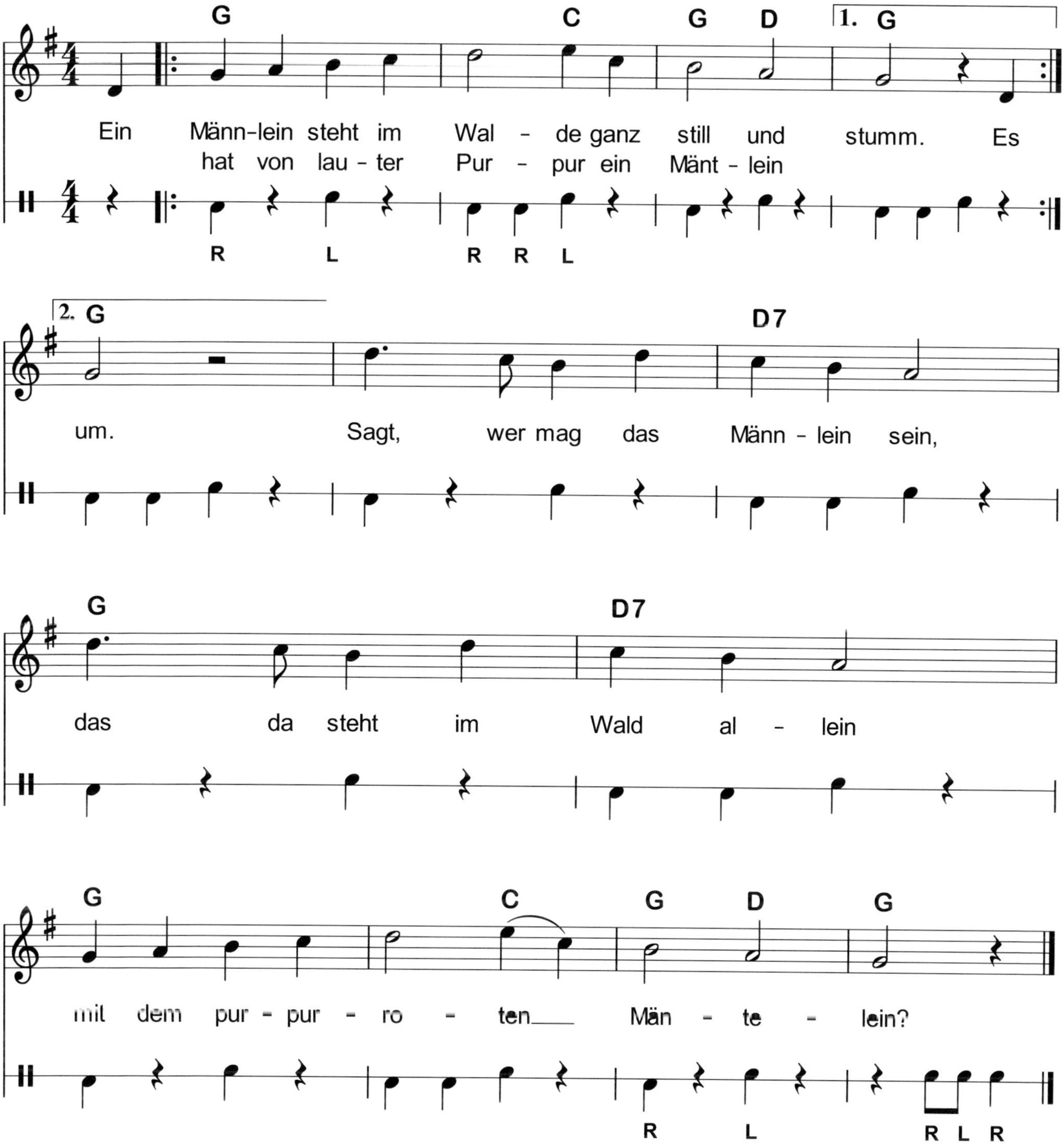

Melodie: nach einer Volksweise vom Niederrhein; Text: Heinrich Hoffmann von Fallersleben (1798–1874).

2. Das Männlein steht im Walde auf einem Bein
und hat auf seinem Haupte schwarz Käpplein klein.
Sagt, wer mag das Männlein sein, das da steht im Wald allein
mit dem kleinen schwarzen Käppelein?

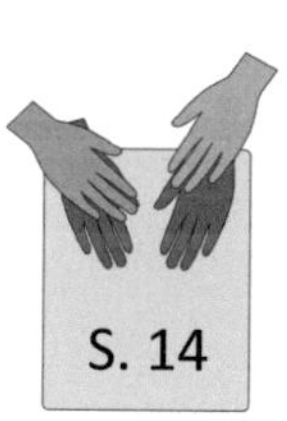

Gesprochen: Das Männlein dort auf einem Bein mit seinem roten Mäntelein
und seinem schwarzen Käppelein kann nur die Hagebutte sein.

Taino Ti

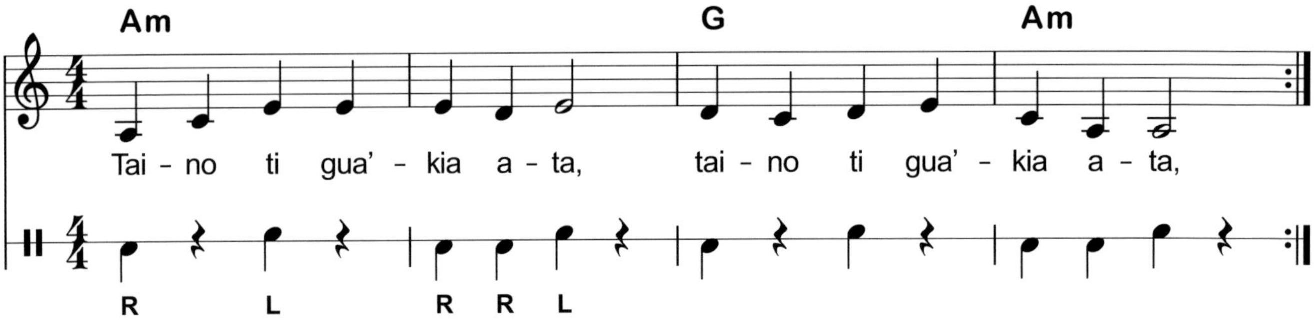

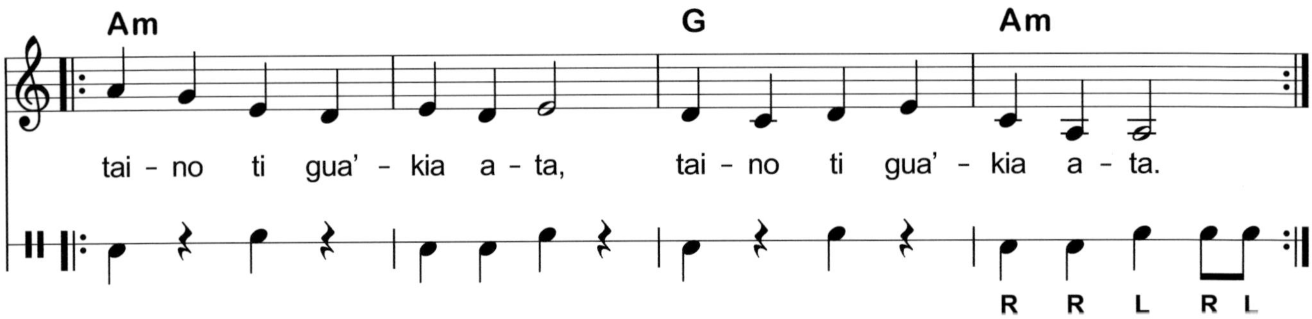

Volkslied der Taíno, einem Arawaken-Volk an der Nordküste Südamerikas.

Mit diesem Lied wird die Frau und Mutter lobgepriesen.
Übersetzung von »taino-ti'«: Möge der große gute Geist mit euch sein.
Aussprache von guakia: woaki (w wie im englischen wonder).

auch zu
»Ein Männlein steht im Walde«, S. 13:

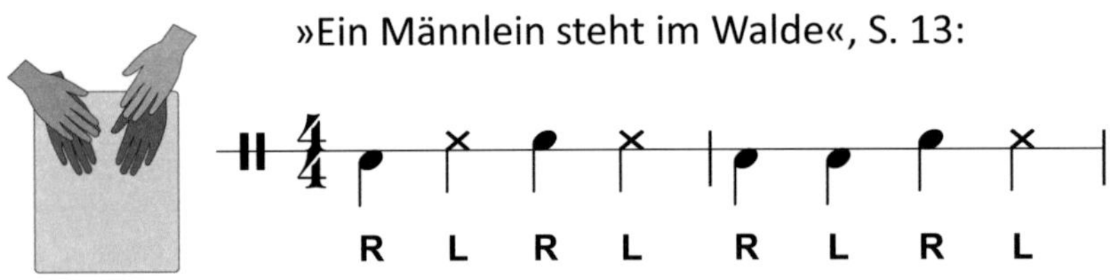

»Es tanzt ein Bibabutzemann«, S. 15:

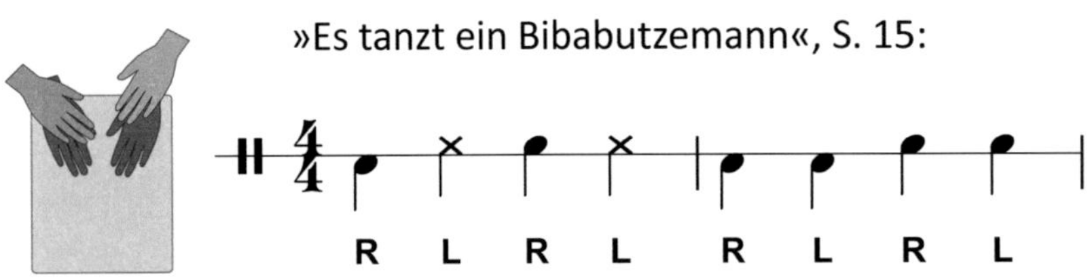

Es tanzt ein Bibabutzemann

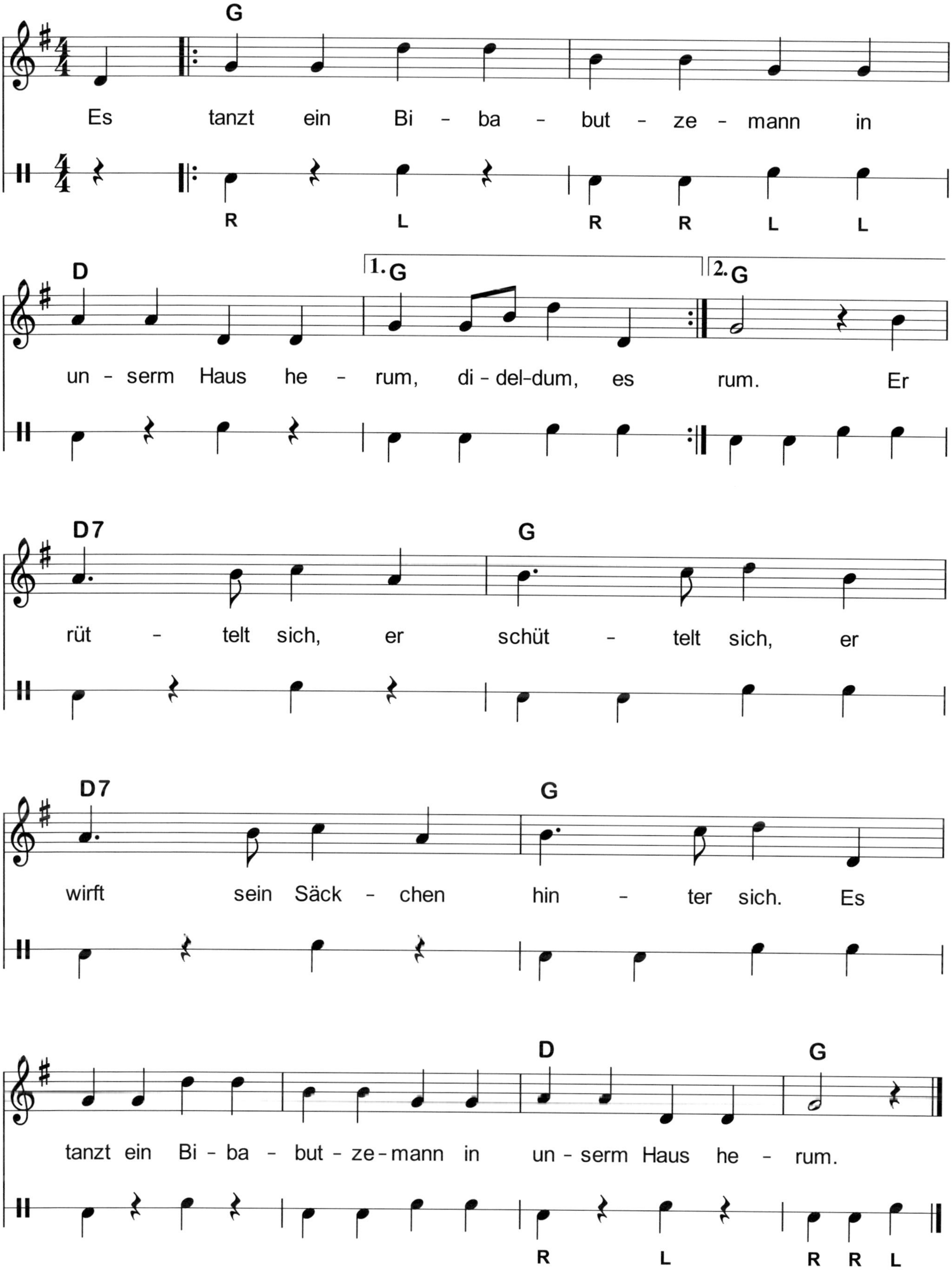

Melodie: volkstümlich; Text: nach »Des Knaben Wunderhorn« (1808).

Was machen wir

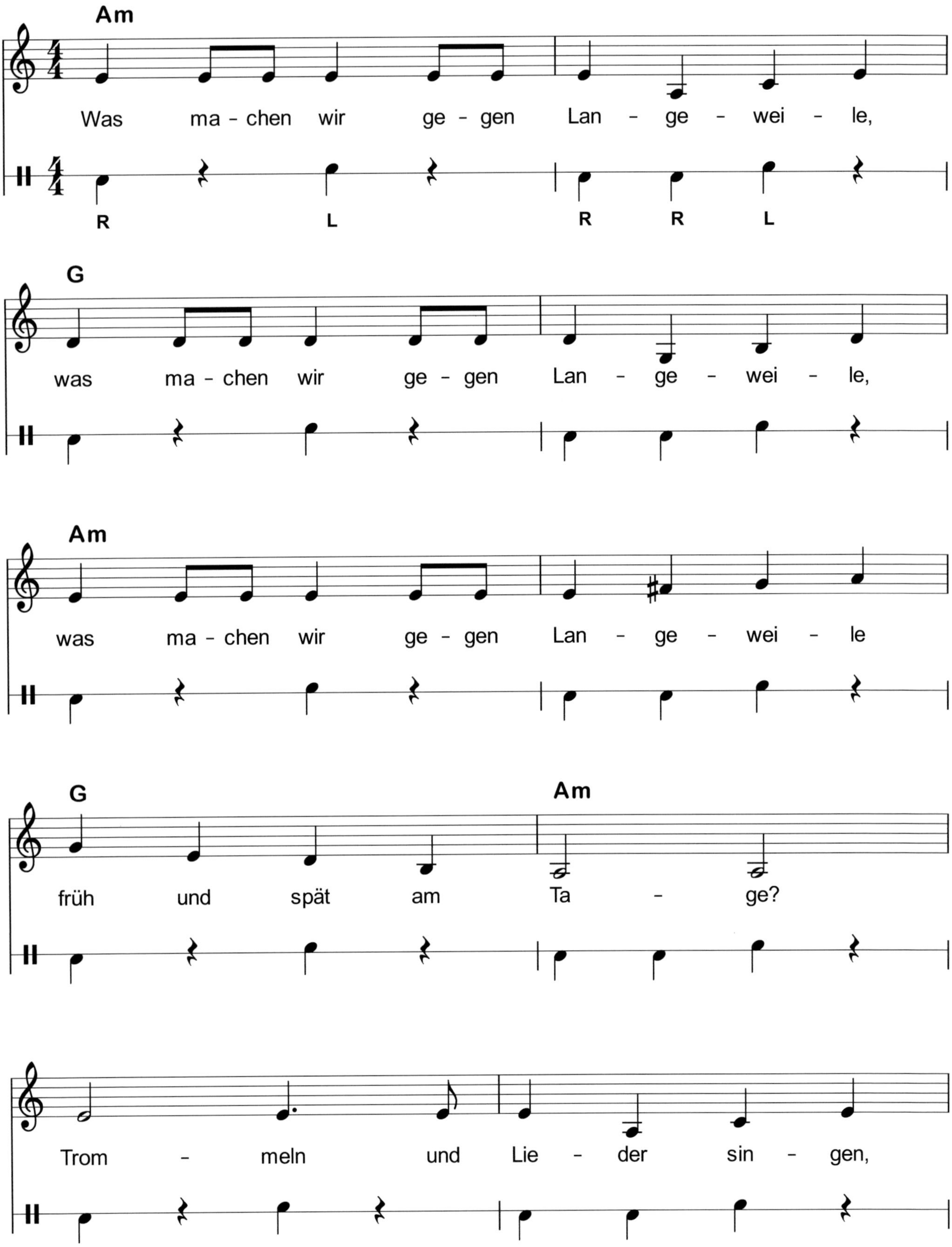

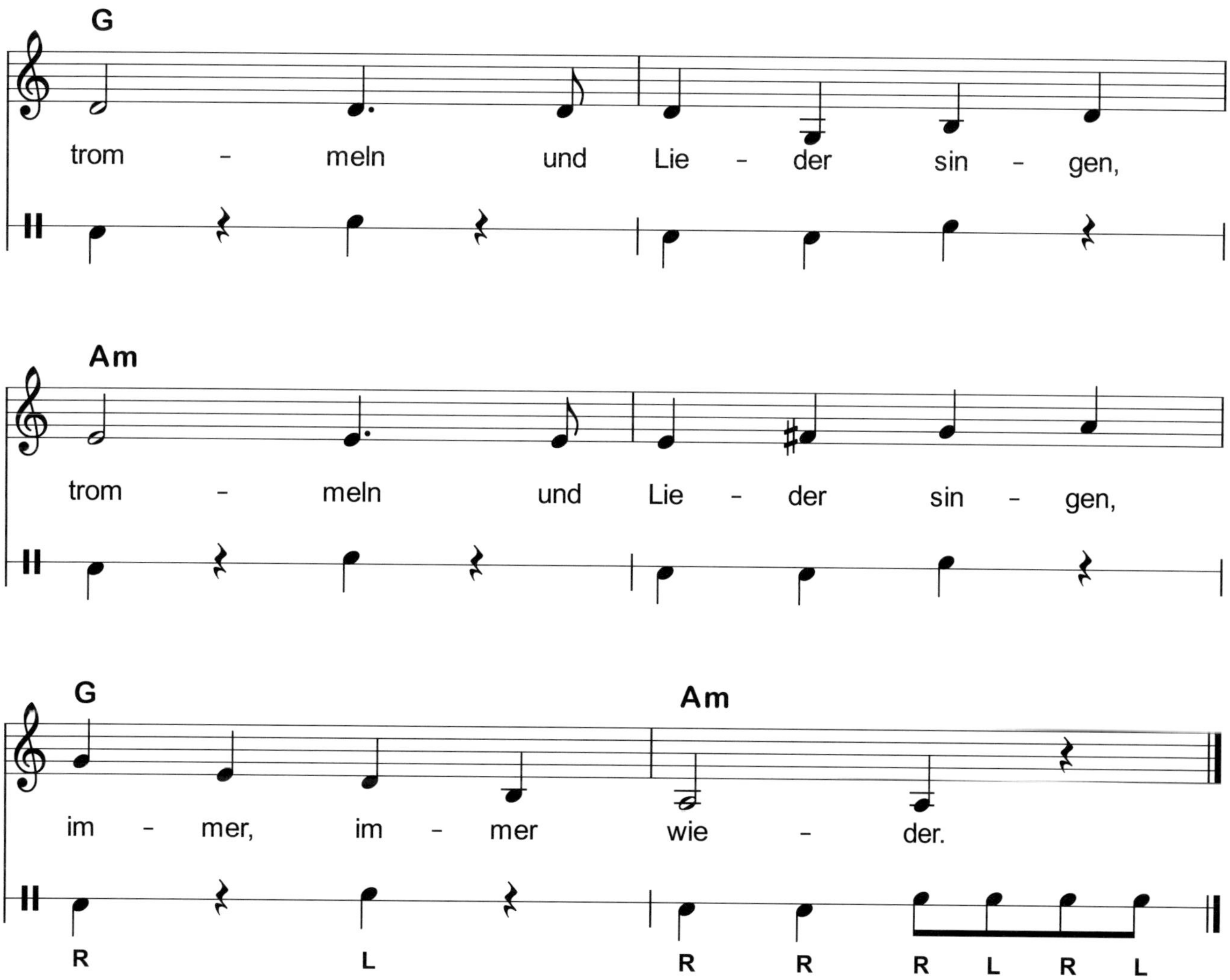

Melodie: »What shall we do with a drunken sailor«, Shanty, zurückgehend auf das irische Tanz- und Marschlied »Oró Sé do Bheatha 'Bhaile«, 19. Jahrhundert; Text: Jutta Riedel-Henck.

2. Was machen wir, wenn es draußen regnet ...

3. Was machen wir gegen schlechte Laune ...

4. Was machen wir gegen Wut und Ärger ...

5. Was machen wir, um Spaß zu haben ...

6. Was machen wir, wenn alles schief geht ...

7. Was machen wir, ohne aufzuhören ...

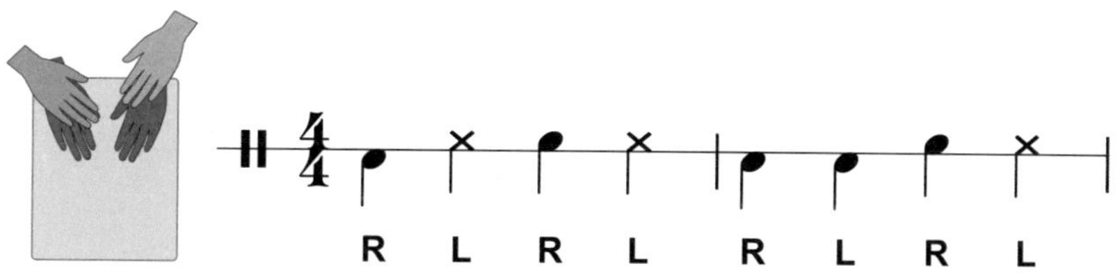

Onkel Johann (Old McDonald)

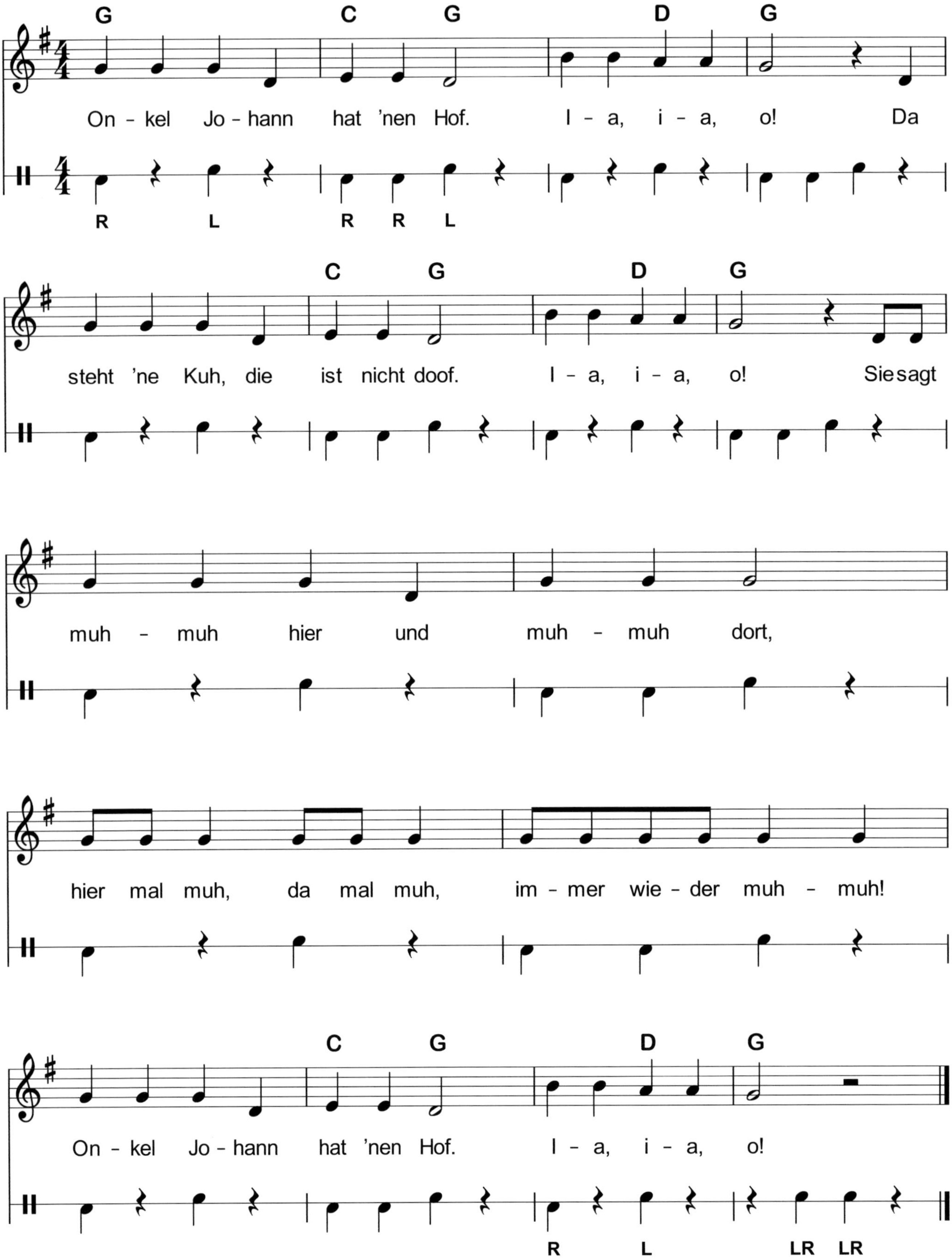

Melodie: volkstümliches Kinderlied aus den USA; deutsche Textfassung: Jutta Riedel-Henck.

2. Onkel Johann hat 'nen Hof. I-a, i-a, o!
Da wohnt ein Schwein, das ist nicht doof. I-a, i-a, o!
Es sagt oink-oink hier und oink-oink dort,
hier mal oink, da mal oink, immer wieder oink-oink!
Onkel Johann hat 'nen Hof. I-a, i-a, o!

3. Onkel Johann hat 'nen Hof. I-a, i-a, o!
Da sitzt ein Hund, der ist nicht doof. I-a, i-a, o!
Er bellt wau-wau hier und wau-wau dort ...

4. Onkel Johann hat 'nen Hof. I-a, i-a, o!
Da pickt ein Huhn die Körner auf. I-a, i-a, o!
Es macht gacker-gack hier und gacker-gack dort ...

5. Onkel Johann hat 'nen Hof. I-a, i-a, o!
Auch seine Ziege ist nicht doof. I-a, i-a, o!
Sie sagt mecker-meck hier und mecker-meck dort ...

6. Onkel Johann hat 'nen Hof. I-a, i-a, o!
All seine Tiere sind nicht doof. I-a, i-a, o!
Da machts muh-muh hier und oink-oink dort,
hier mal wau, da mal gack, und dazu noch mecker-meck!
Onkel Johann hat 'nen Hof. I-a, i-a, o!

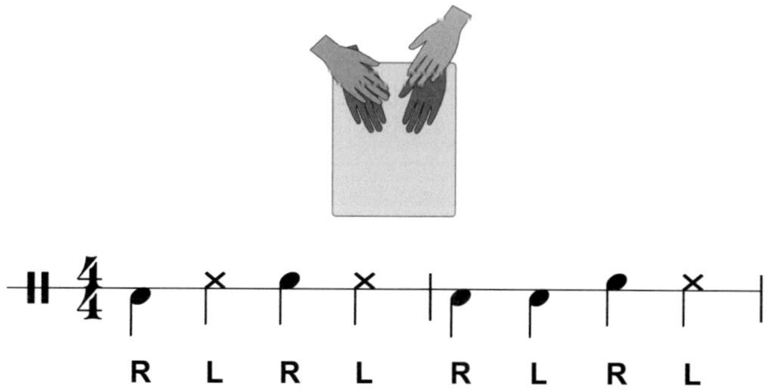

Trommle ich auf der Cajon (Kanon)

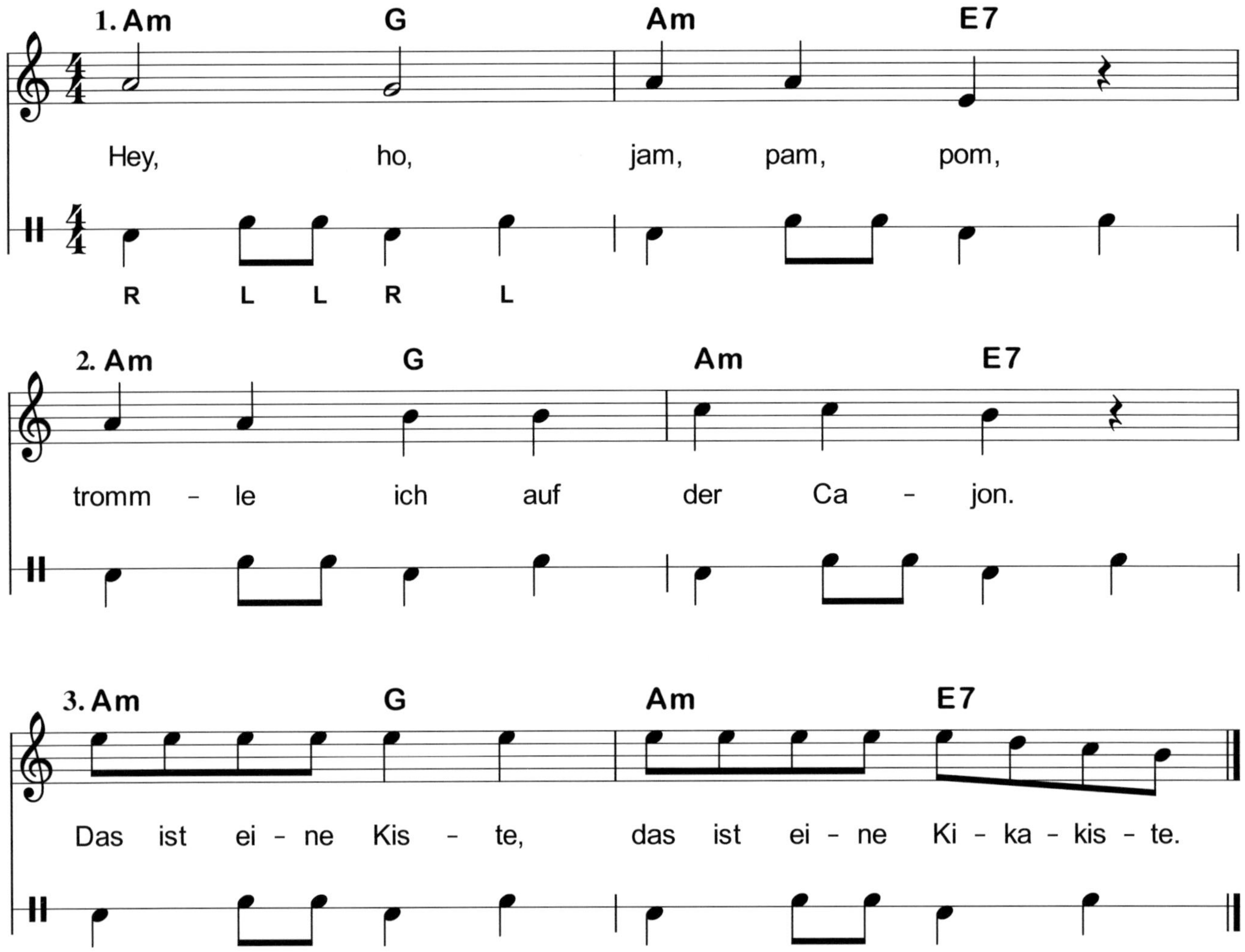

Melodie: »Hejo, spann den Wagen an«, Volkslied aus dem 19. Jahrhundert; Text: Jutta Riedel-Henck.

Hejo, spann den Wagen an,
denn der Wind treibt Regen übers Land.
Hol die gold'nen Garben, hol die gold'nen Garben!

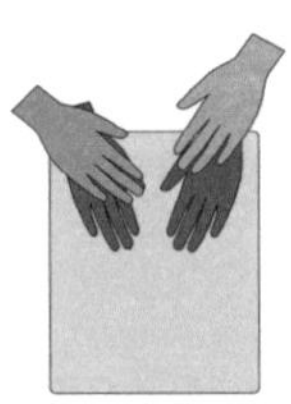

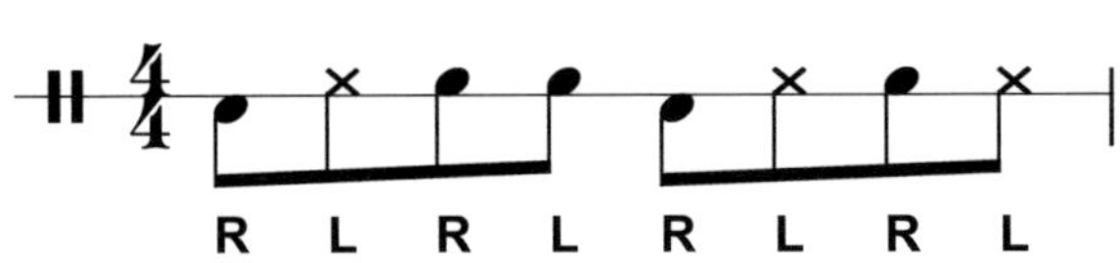

Drei Chinesen mit dem Kontrabass

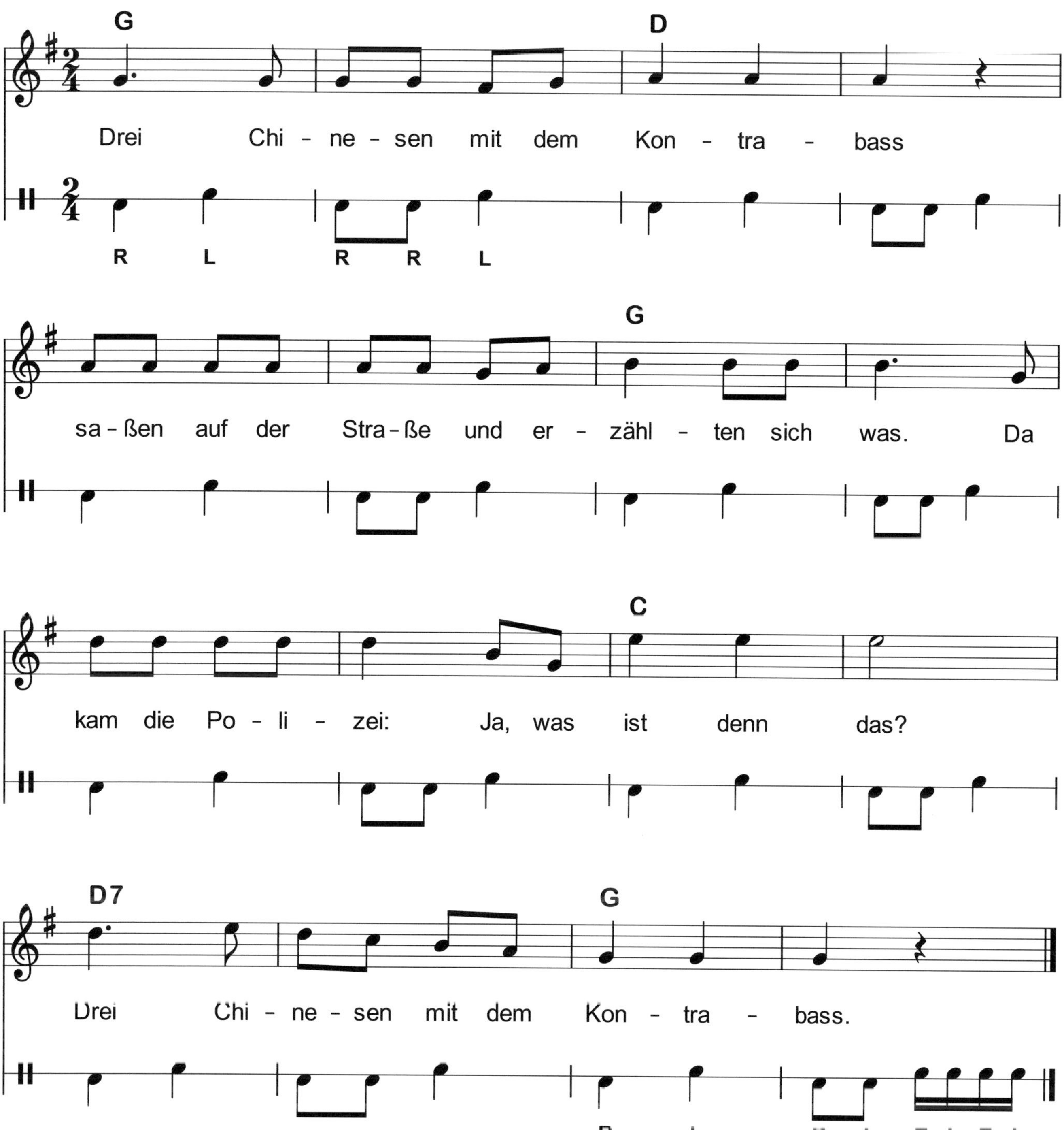

Volkstümliches Kinderlied, seit Mitte des 20. Jahrhunderts im gesamten deutschen Sprachraum verbreitet.

In den Folgestrophen werden alle Vokale durch einen einzigen Vokal ersetzt:
Dra Chanasan mat dam Kantrabass ... Dre Chenesen met dem Kentrebess ... usw.

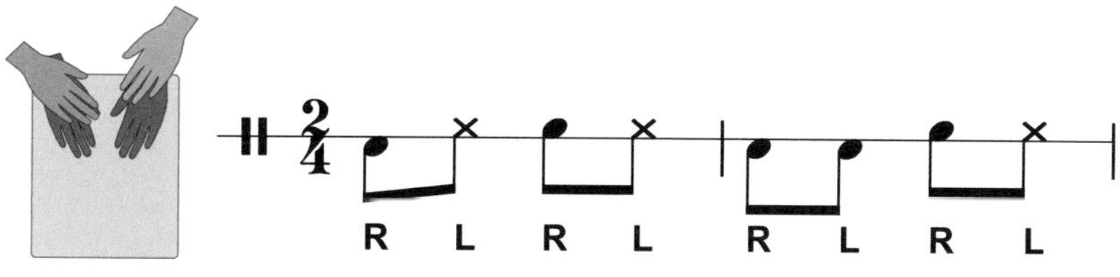

Sascha liebt nicht große Worte

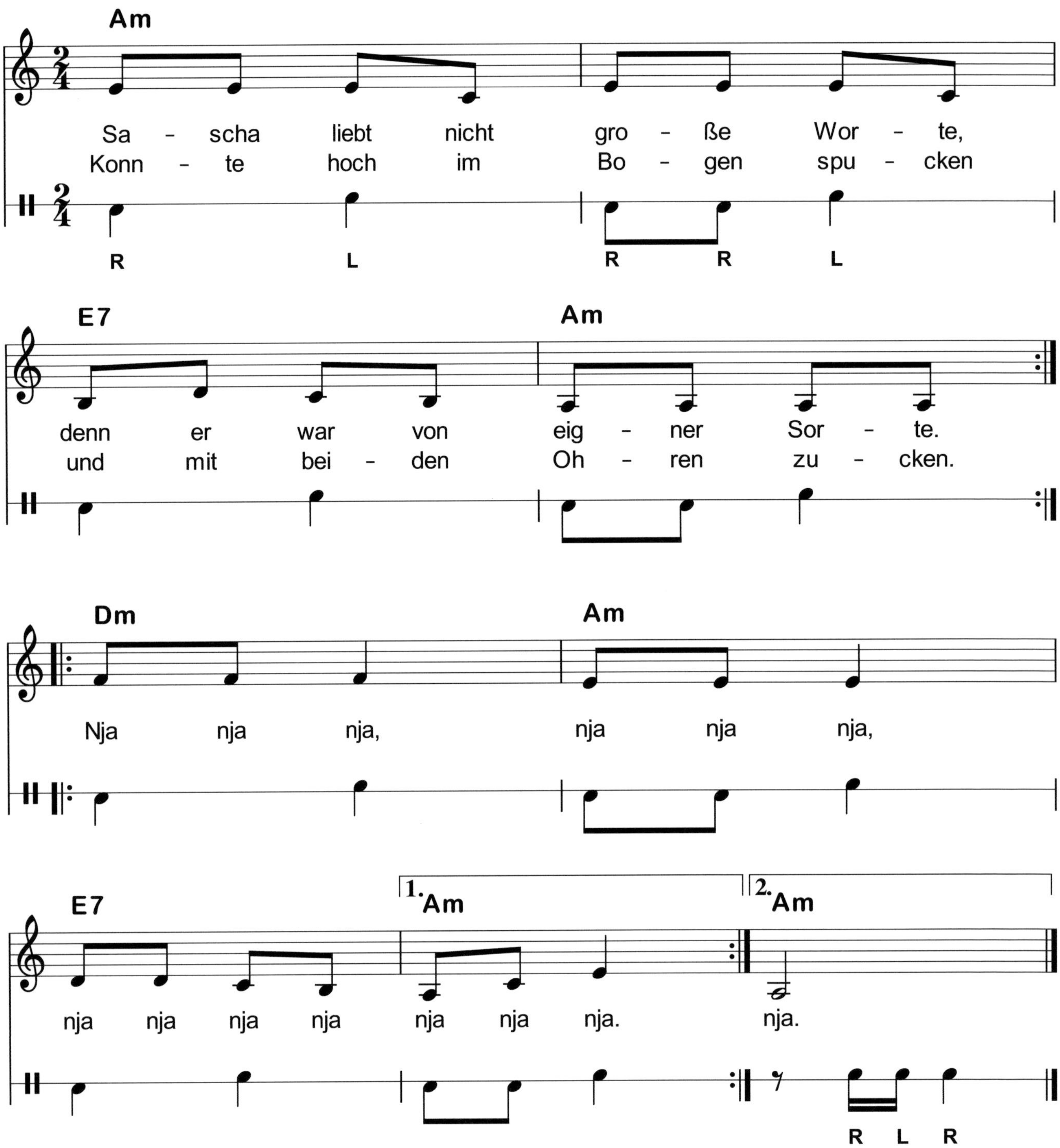

Melodie: Volksweise aus Russland; Text: mündlich überliefert.

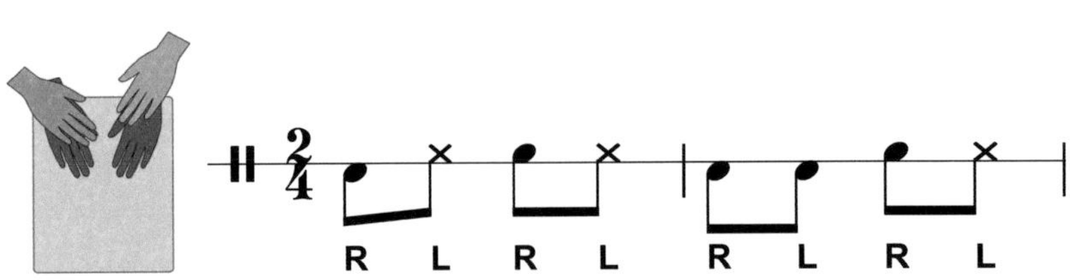

2. Saschas Vater war ein Pferdehändler, der auch reiten lehrte.
In der Stunde zehn Kopeken, Sascha musste Pferde pflegen.
Nja nja nja, nja nja nja, nja nja nja nja nja nja nja.
Nja nja nja, nja nja nja, nja nja nja nja nja.

3. Doch er riss sie roh am Zügel, denn er liebte nur Geflügel.
Pferde konnte er nicht leiden, haute sie auf beide Seiten.
Nja nja nja, nja nja nja, nja nja nja nja nja nja nja.
Nja nja nja, nja nja nja, nja nja nja nja nja.

4. Doch die kleinen Pferde bissen Saschas Hosen und zerissen
seine Kleider und begannen dieses schöne Lied und sangen:
Nja nja nja, nja nja nja, nja nja nja nja nja nja nja.
Nja nja nja, nja nja nja, nja nja nja nja nja.

Hab 'ne Tante aus Marokko

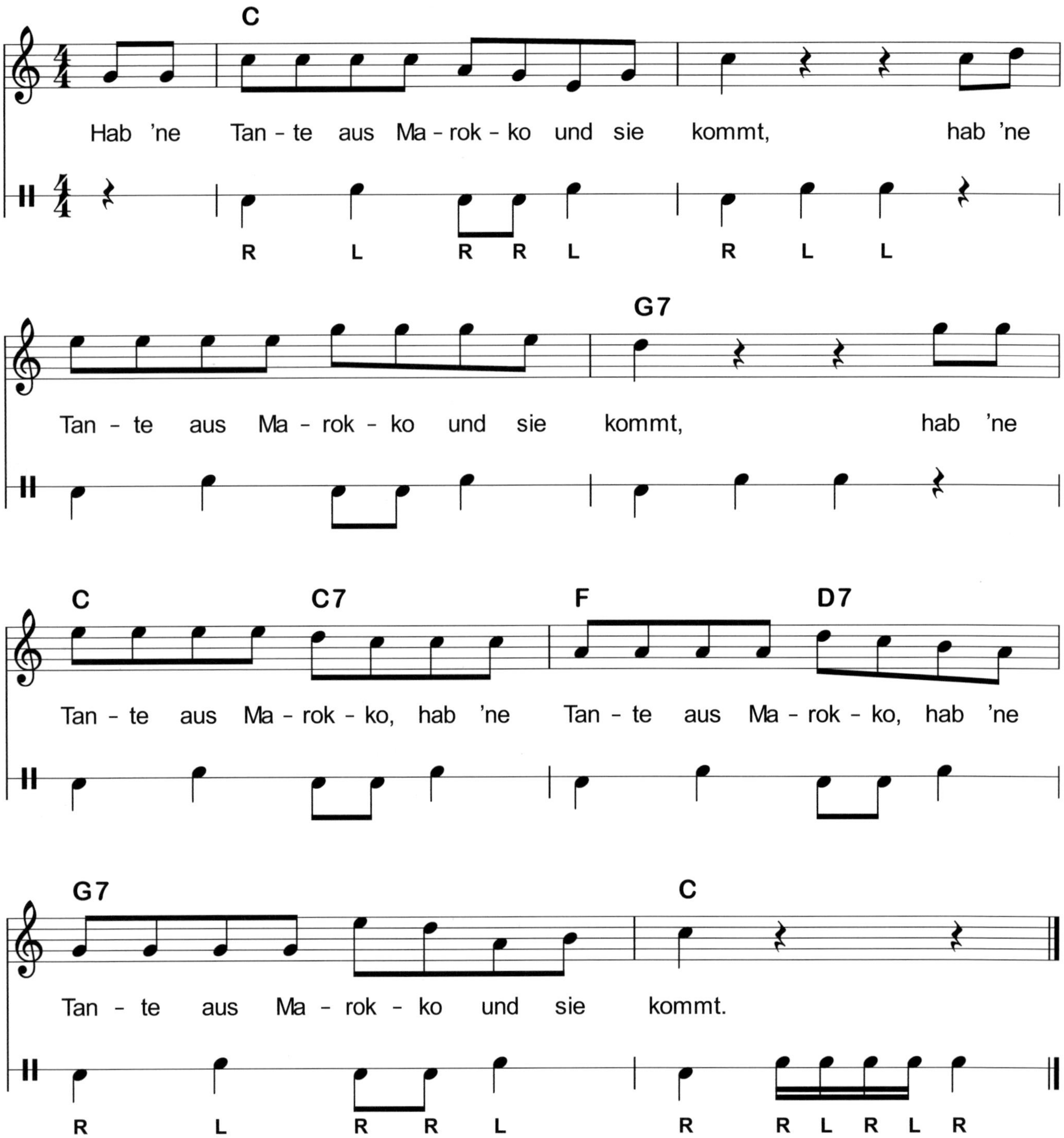

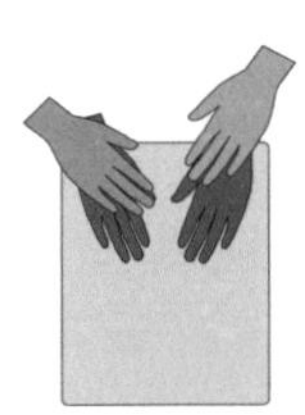

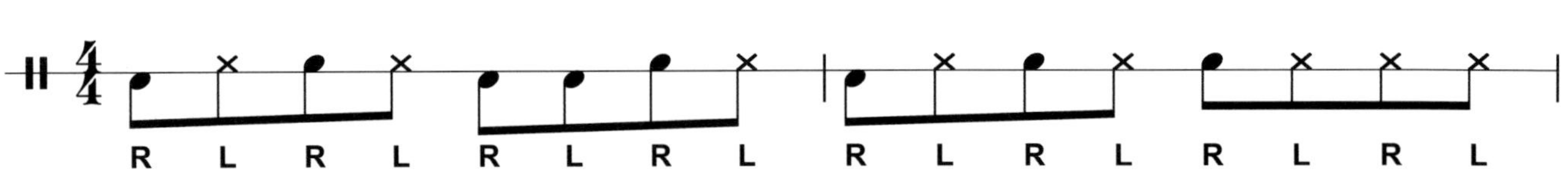

2. Und sie kommt auf zwei Kamelen, wenn sie kommt, hoppeldihopp,
und sie kommt auf zwei Kamelen, wenn sie kommt, hoppeldihopp,
und sie kommt auf zwei Kamelen, und sie kommt auf zwei Kamelen,
und sie kommt auf zwei Kamelen, wenn sie kommt, hoppeldihopp.

3. Und dann spiel'n wir Ukulele, wenn sie kommt, kling, klong, ...

4. Und dann hau'n wir auf die Kiste, wenn sie kommt, bong, tschick, ...

5. Und dann essen wir 'ne Torte, wenn sie kommt, schmatz, schmatz, ...

6. Und dann schrubben wir die Bude, wenn sie kommt, schrubb, schrubb, ...

7. Und dann kommt ein Telegramm, dass sie nicht kommt, oh, oh, ...

8. Und dann kommt ein Telegramm, dass sie doch kommt, juchhe, ...

Melodie: nach dem afroamerikanischen Spiritual »When the chariot comes«, 19. Jahrhundert.
Text: volkstümlich aus dem 20. Jahrhundert, 3. und 4. Strophe von Julia Riedel-Henck.

Ein Vogel wollte Hochzeit machen

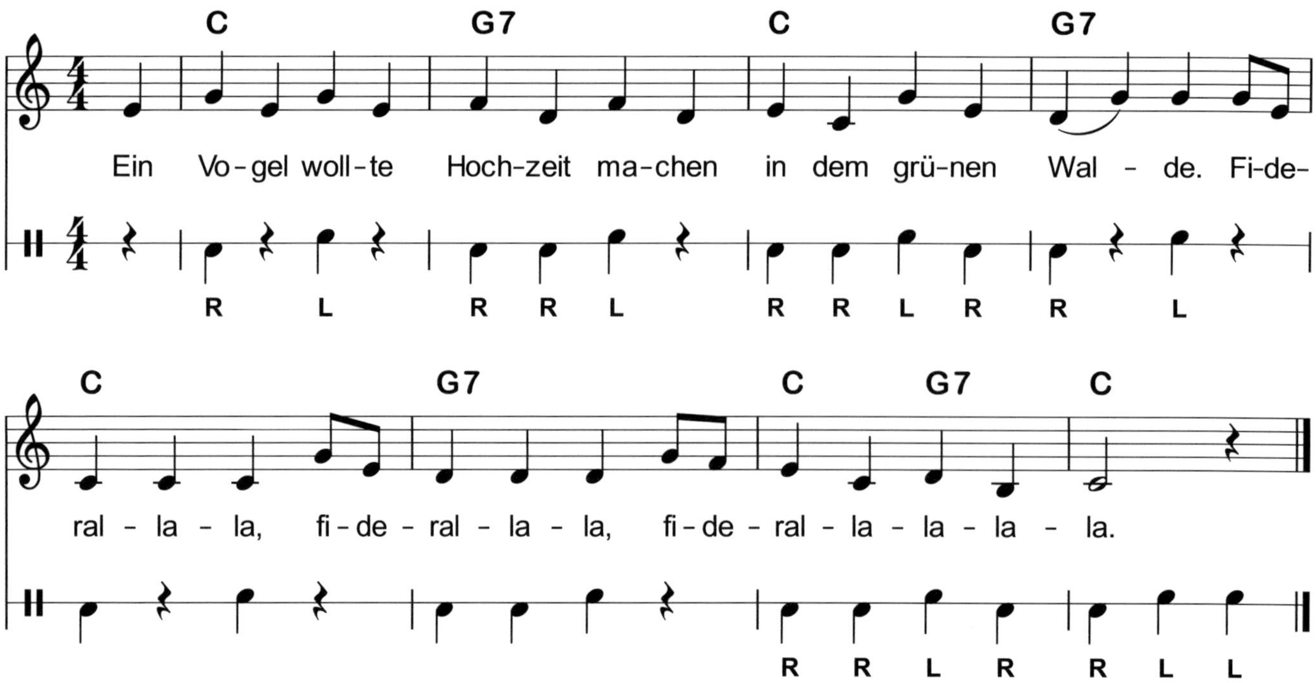

Melodie: Volksweise, seit Anfang des 17. Jahrhunderts überliefert.
Text: volkstümlich, Entstehungszeit um 1470.

2. Die Drossel war der Bräutigam, die Amsel war die Braute. Fiderallala ...

3. Der Seidenschwanz, der Seidenschwanz, der bracht' der Braut den Hochzeitskranz.

4. Die Lerche, die Lerche, die führt' die Braut zur Kerche.

5. Brautmutter war die Eule, nahm Abschied mit Geheule.

6. Der Auerhahn, der Auerhahn, der war der stolze Herr Kaplan.

7. Die Meise, die Meise, die sang das Kyrieleise.

8. Der Wiedehopf, der Wiedehopf, der bracht' der Braut 'nen Blumentopf.

9. Die Puten, die Puten, die machten breite Schnuten.

10. Die Gänse und die Anten, die war'n die Musikanten.

11. Der Pfau mit seinem bunten Schwanz macht' mit der Braut den ersten Tanz.

12. Der lange Specht, der lange Specht, der macht' der Braut das Bett zurecht.

13. Der Uhu, der Uhu, der macht' die Fensterläden zu.

14. Die Vogelhochzeit ist nun aus und alle geh'n vergnügt nach Haus.

15. Der Hahn, der krähet: »Gute Nacht«, nun wird die Kammer zugemacht.

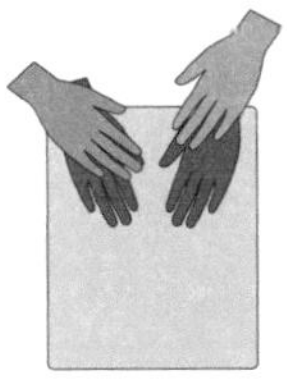

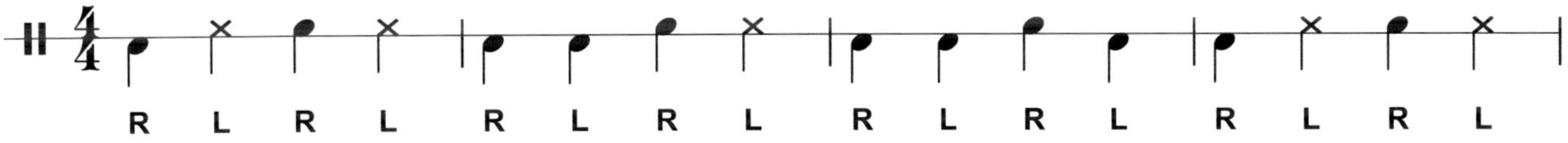

If you're happy and you know it

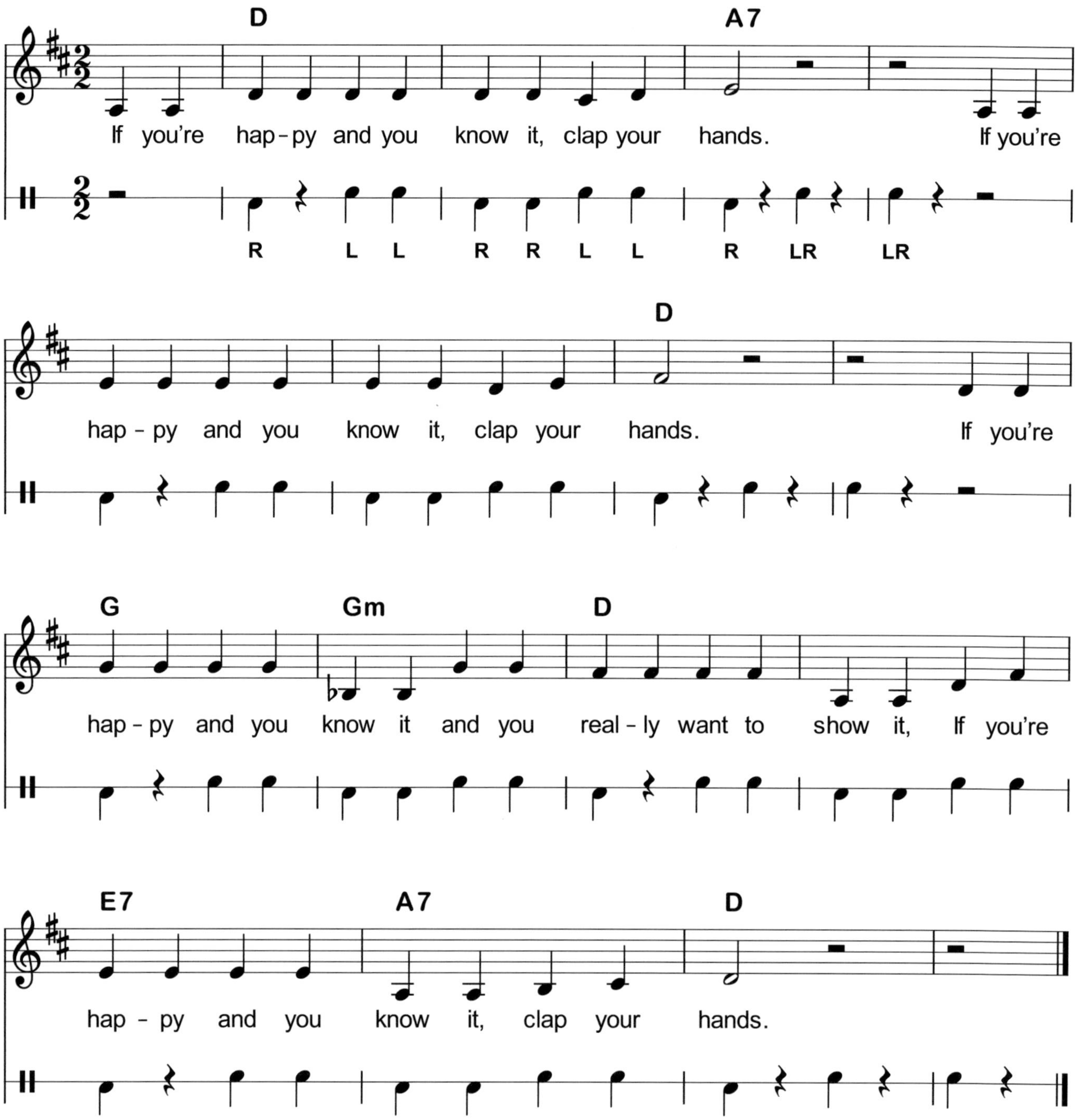

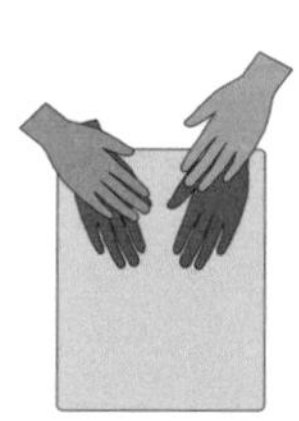

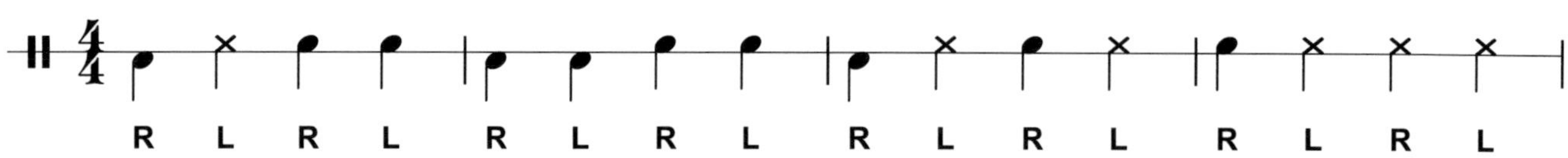

2. If you're happy and you know it, slap your sides.
If you're happy and you know it, slap your sides.
If you're happy and you know it
and you really want to show it,
if you're happy and you know it, slap your sides.

3. If you're happy and you know it, stomp your feet.
If you're happy and you know it, stomp your feet.
If you're happy and you know it
and you really want to show it,
if you're happy and you know it, stomp your feet.

4. If you're happy and you know it, snap your fingers.
If you're happy and you know it, snap your fingers.
If you're happy and you know it
and you really want to show it,
if you're happy and you know it, snap your fingers.

5. If you're happy and you know it, sniff your nose.
If you're happy and you know it, sniff your nose.
If you're happy and you know it
and you really want to show it,
if you're happy and you know it, sniff your nose.

6. If you're happy and you know it, shout »We are«.
If you're happy and you know it, shout »We are«.
If you're happy and you know it
and you really want to show it,
if you're happy and you know it, shout »We are«.

In vielen Variationen verbreitetes Kinderlied, das vermutlich auf ein lettisches Volkslied zurückgeht.

Hill and gully rider

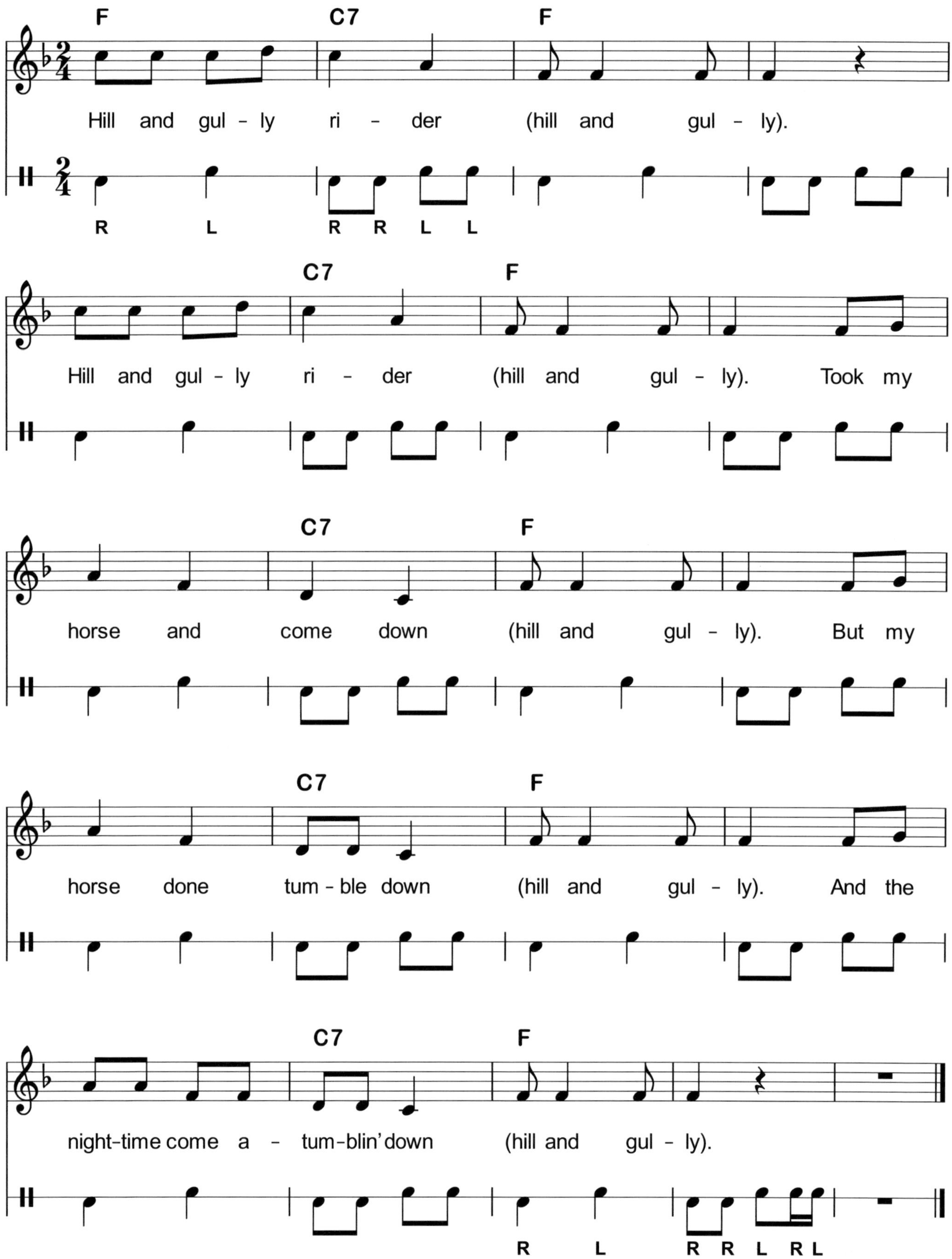

Ein Ruf- und Antwortlied aus Jamaica, gesungen von Arbeitern beim Bau neuer Straßen.

Spannenlanger Hansel

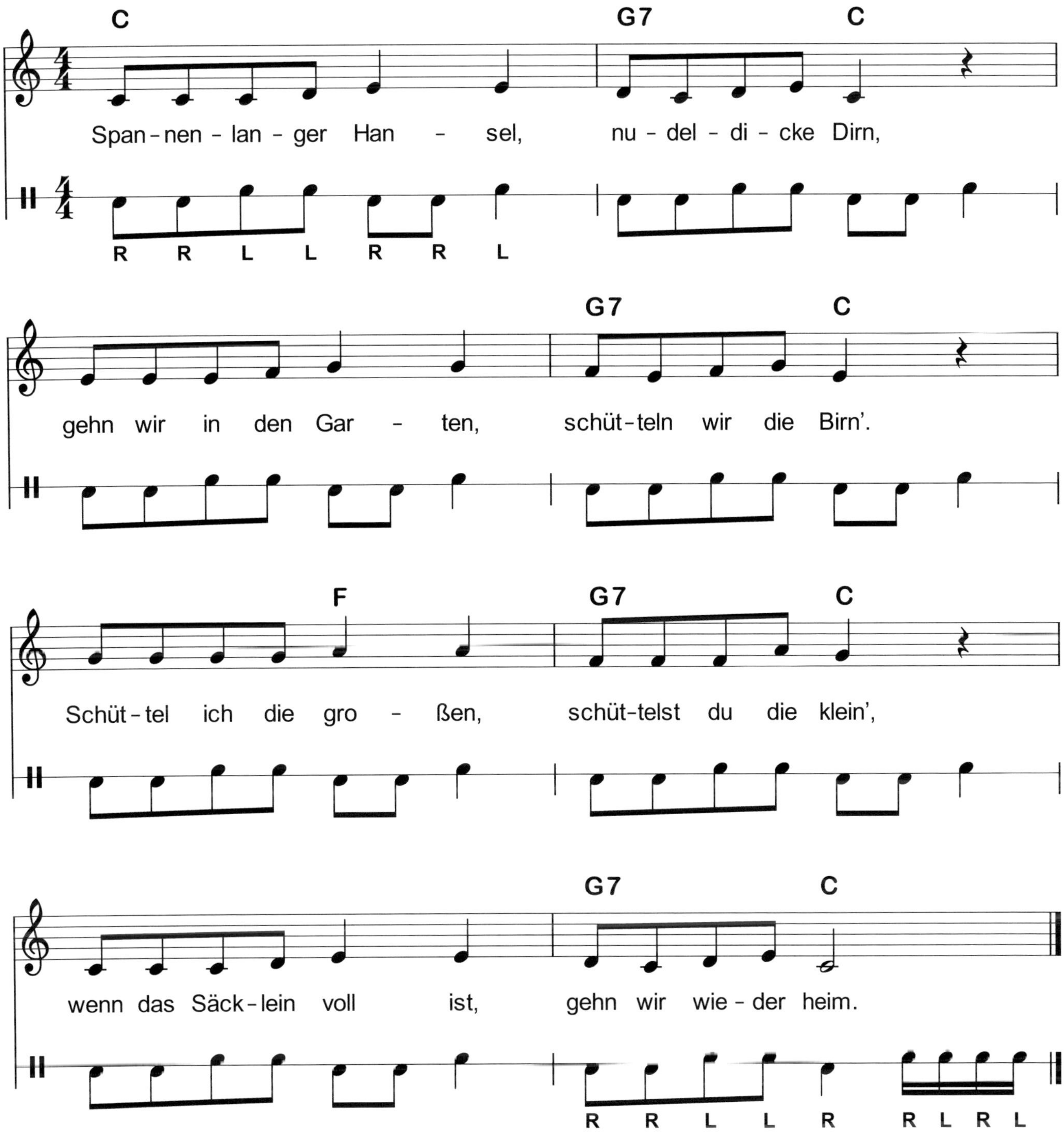

2. Lauf doch nicht so närrisch, spannenlanger Hans!
Ich verlier' die Birnen und die Schuh noch ganz.
Trägst ja nur die kleinen, nudeldicke Dirn,
und ich schlepp den schweren Sack mit großen Birn'.

Melodie und Text: volkstümlich

»Hill and gully rider«, S. 30: »Spannenlanger Hansel«:

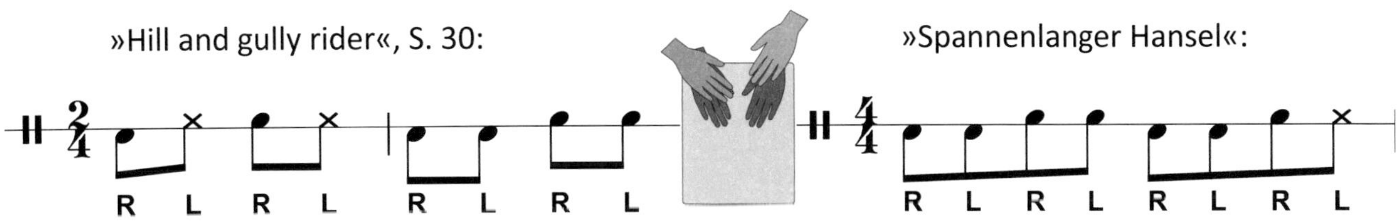

Trarira, der Sommer, der ist da!

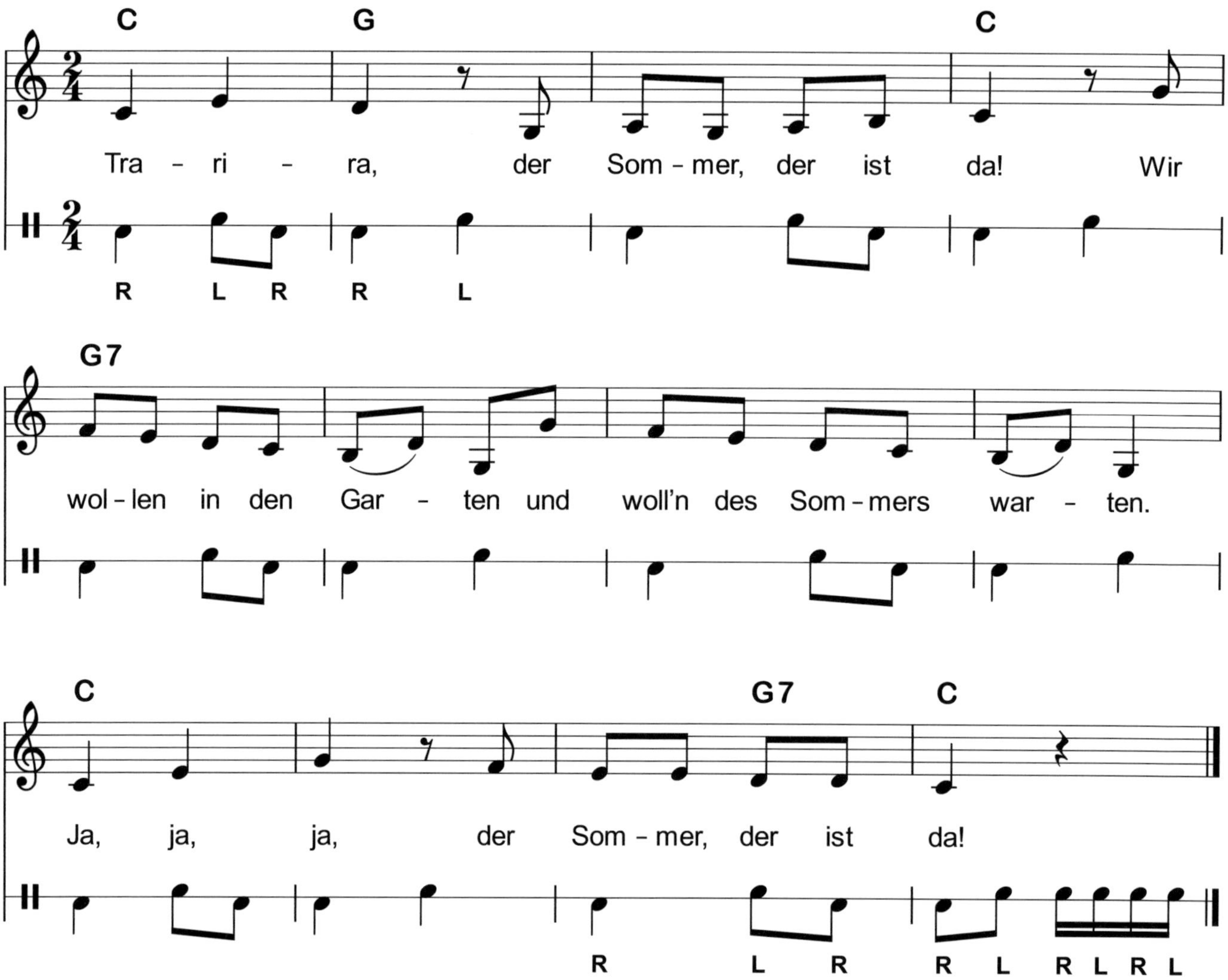

Melodie: Volksweise, neu vertont von Carl Maria von Weber (1786–1826), 1822, vereinfachte Fassung von Ludwig Erk; Text: aus der Pfalz.

2. Trarira, der Sommer, der ist da!
Wir wollen in die Hecken
und woll'n den Sommer wecken.
Ja, ja, ja, der Sommer, der ist da!

3. Trarira, der Sommer, der ist da!
Der Sommer hat gewonnen,
der Winter ist zerronnen.
Ja, ja, ja, der Sommer, der ist da!

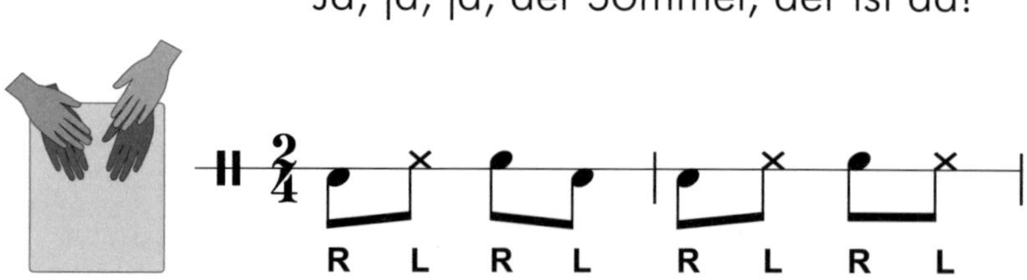

Jimba, jimba

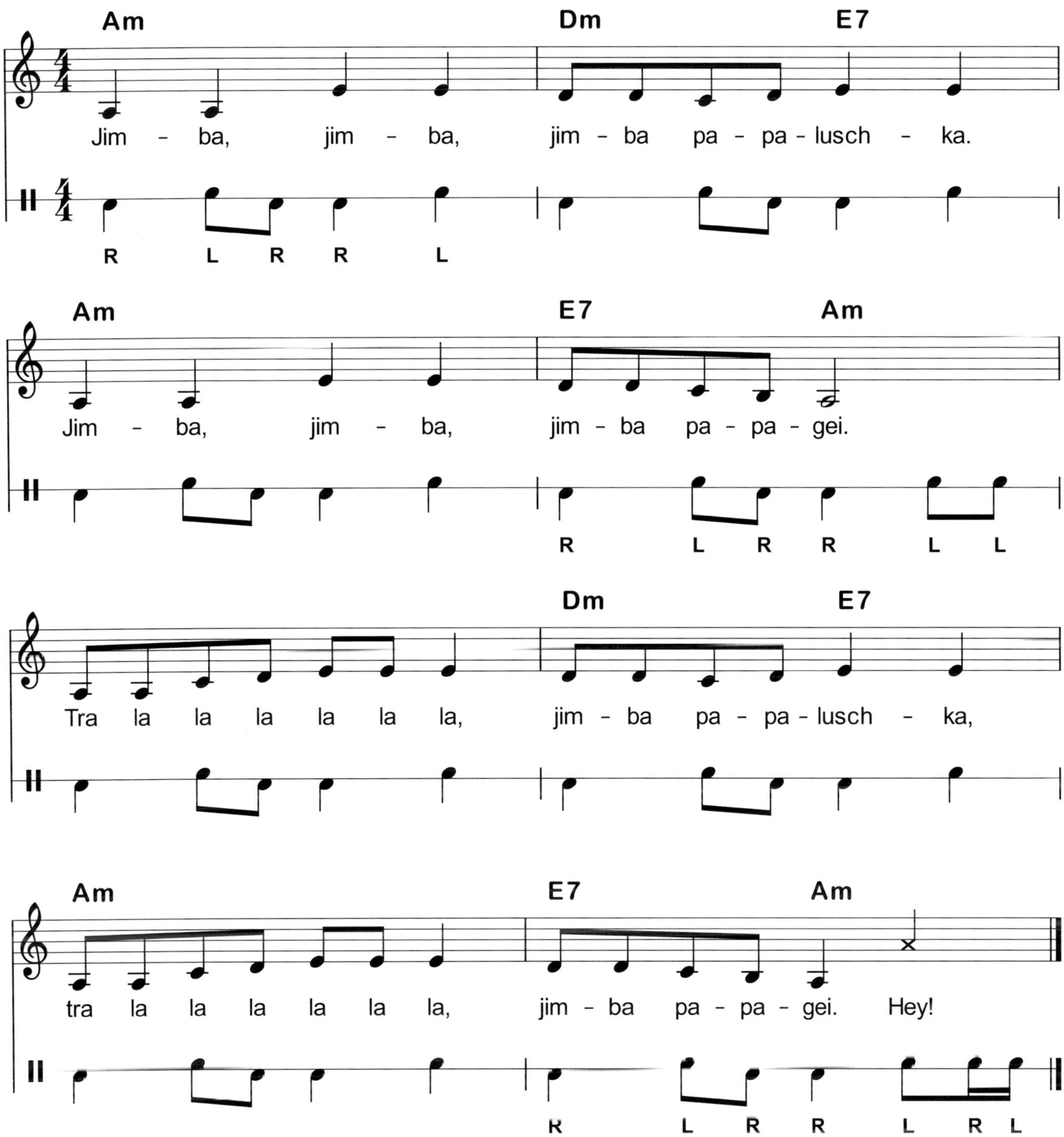

Kann auch als zweistimmiger Kanon gesungen werden.

Volkstümliches Nonsenslied

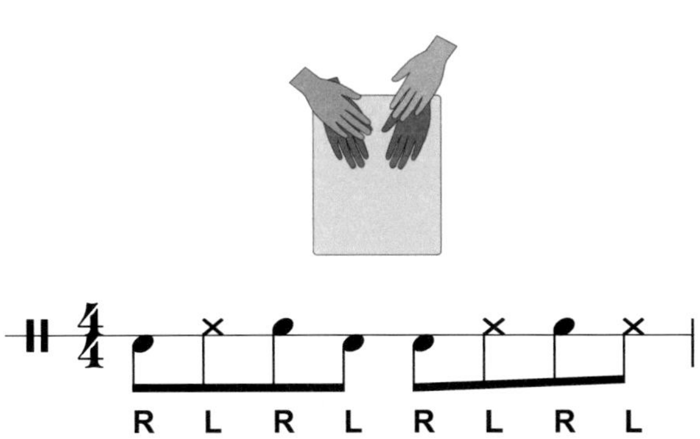

Sansa kroma

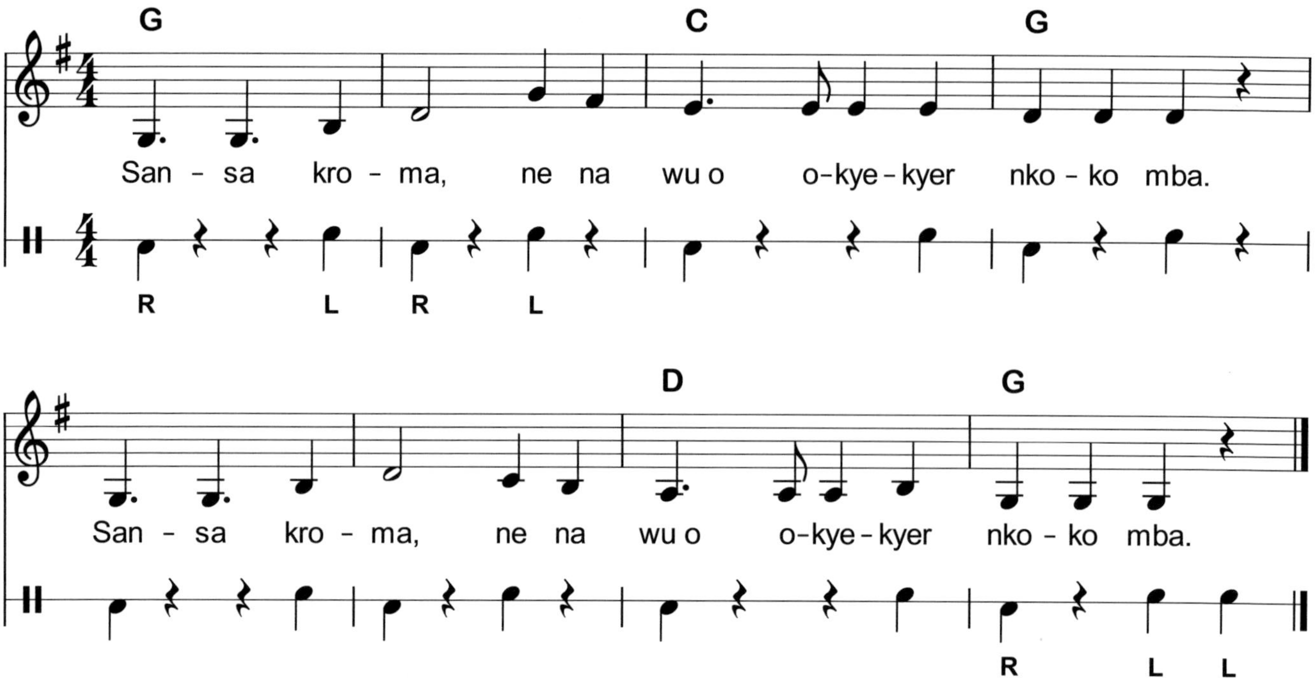

Kinderlied zu einem Kreisspiel der Akan aus Ghana

Aussprache:
Ssanssa kromah, nie ney woo oh-tschee-tschee kohkoh mah.

In diesem Lied, das wie »Obo asi me nsa« (S. 40) zu einem Kreisspiel gesungen wird, geht es um den Habicht Sansa, der herumfliegt, um verwaiste Küken aufzusammeln und sich ihrer anzunehmen.

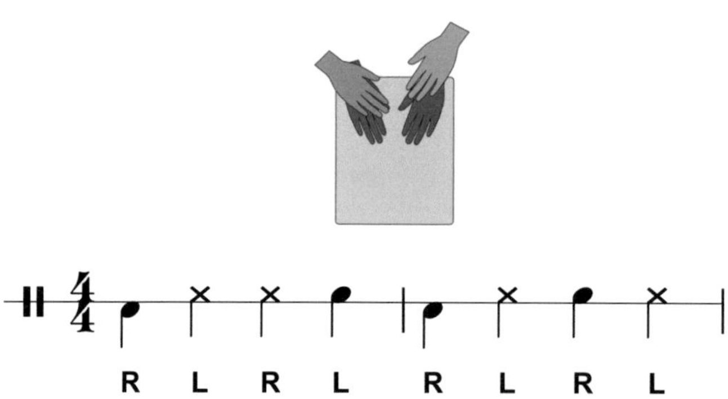

Funga alafia

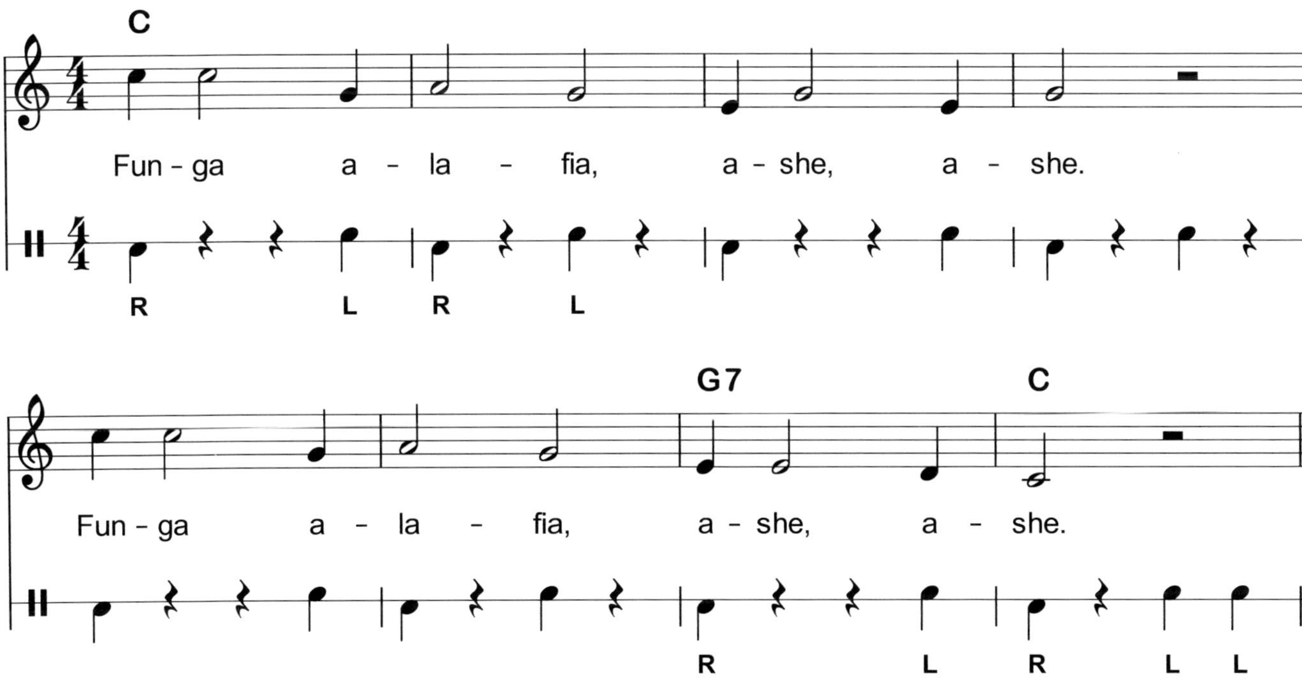

Volkstümliches Begrüßungstanzlied aus Nigeria

Aussprache der nigerianischen Yoruba:
Funwah ahlahfia, aschey, aschey (w wie im englischen wonder).

Sinngemäße Übersetzung:
Ich öffne mich, ich grüße dich, ich freue mich. Ich grüße dich mit meinem Kopf (Verstand), meinen Lippen (Worten) und meinem Herzen.

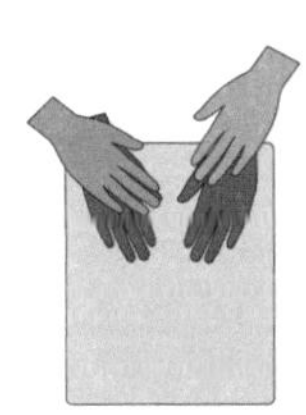

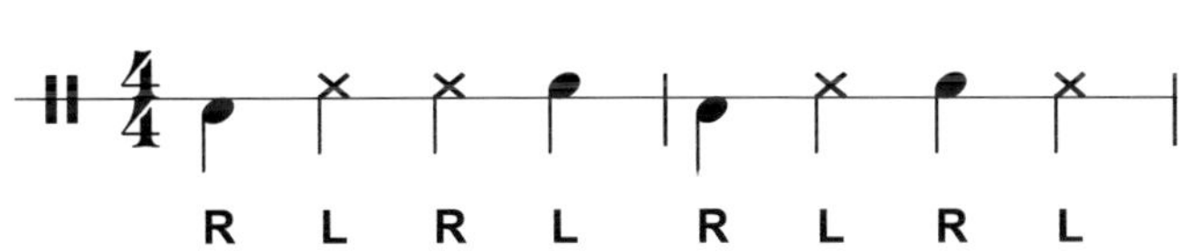

Tumba, tumba (Kanon)

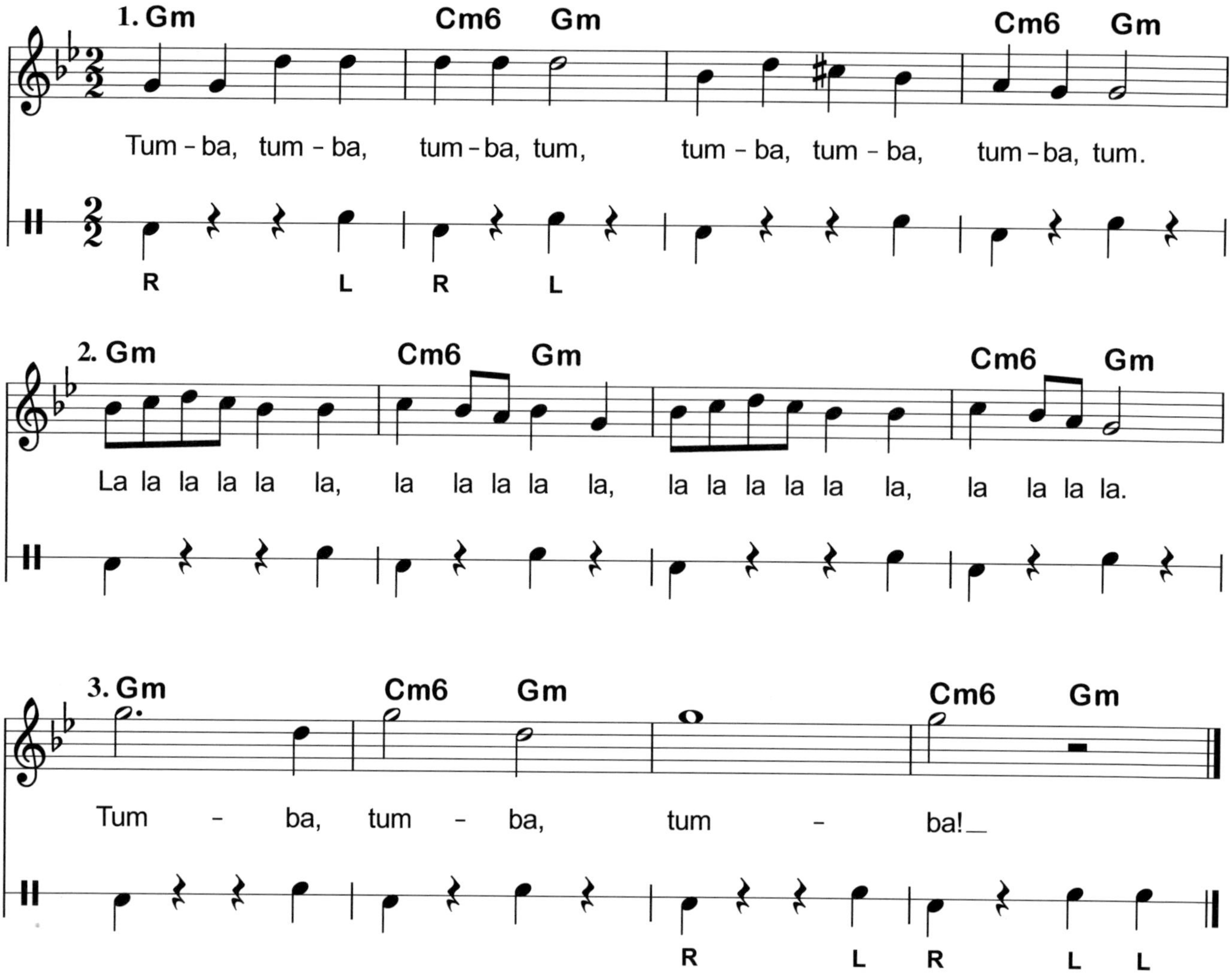

Volkslied aus Palestina

Kann auch als 1-Akkord-Lied nur mit Gm begleitet werden.

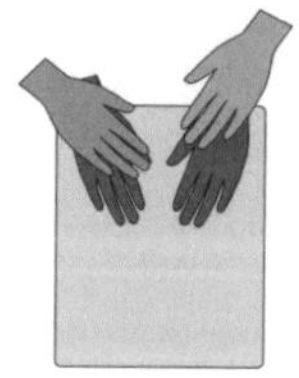

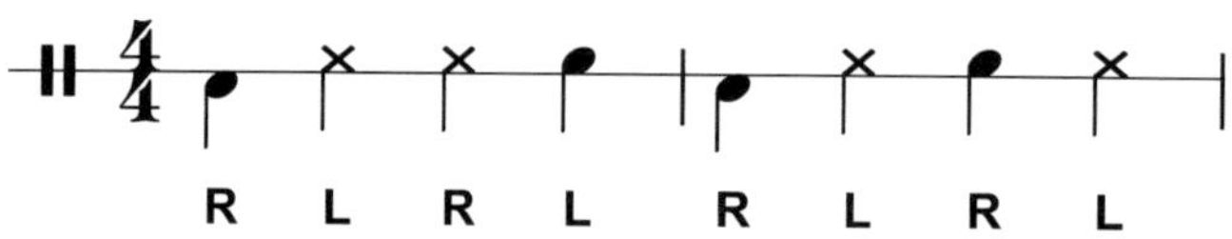

Si ma ma kaa

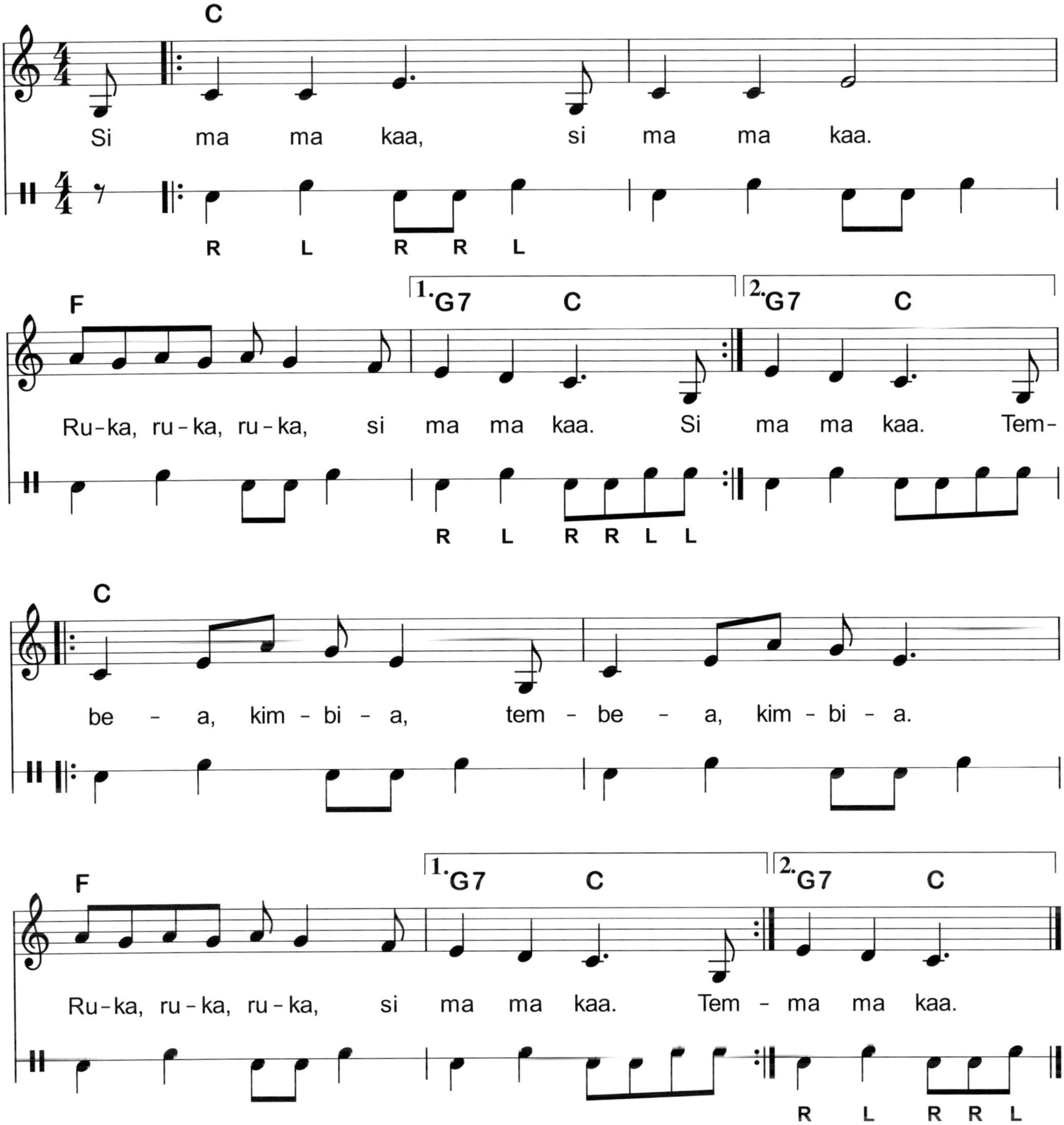

Volkslied aus Ghana

In diesem *Bewegungslied* geht es um ein singendes Küken, das aufgeregt herumläuft und sich wieder hinsetzt:

Stehen, sitzen, stehen, sitzen,
hüpfen, hüpfen, hüpfen, stehen, sitzen.
Gehen, rennen, gehen, rennen,
hüpfen, hüpfen, hüpfen, stehen, sitzen.

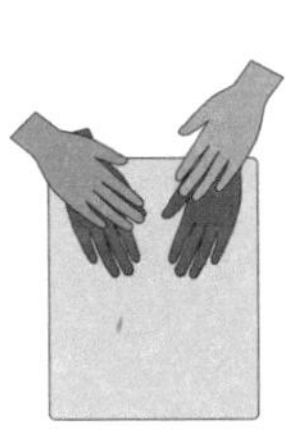

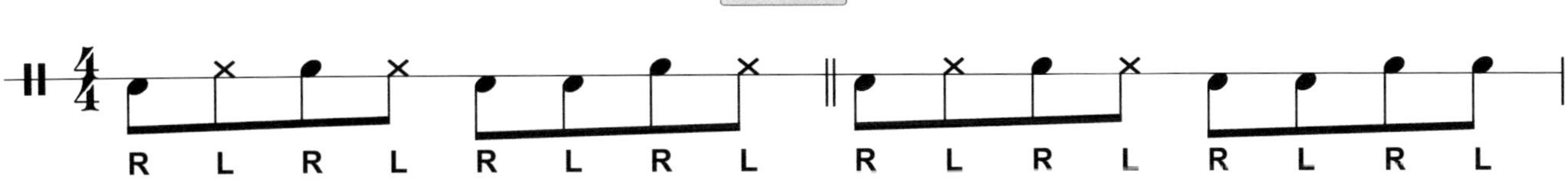

Ani couni chaouani

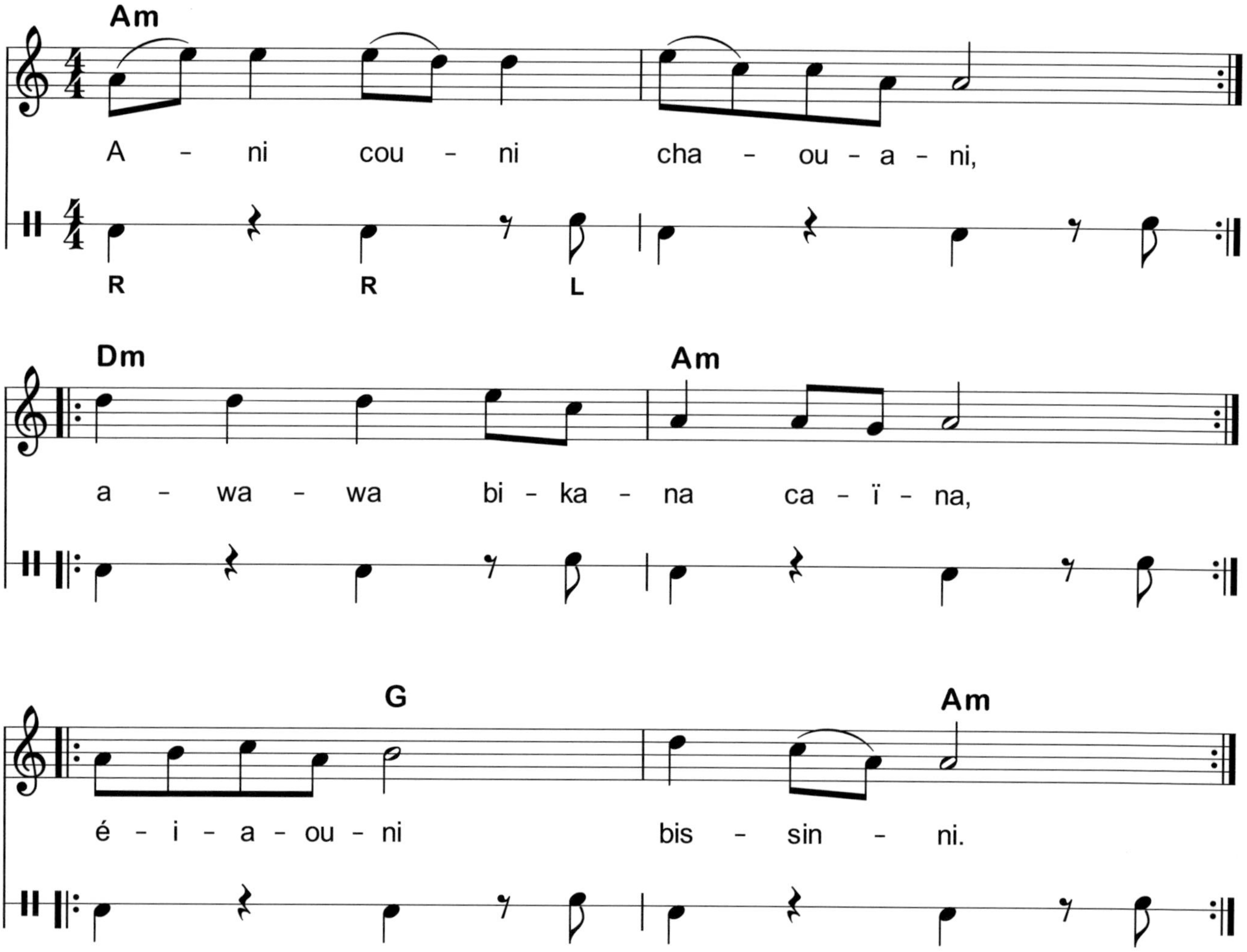

Gebet nordamerikanischer Indianer

Übersetzung:
Vater, erbarme dich, denn ich sterbe vor Durst.
Alles ist verschwunden, ich habe nichts zu essen.

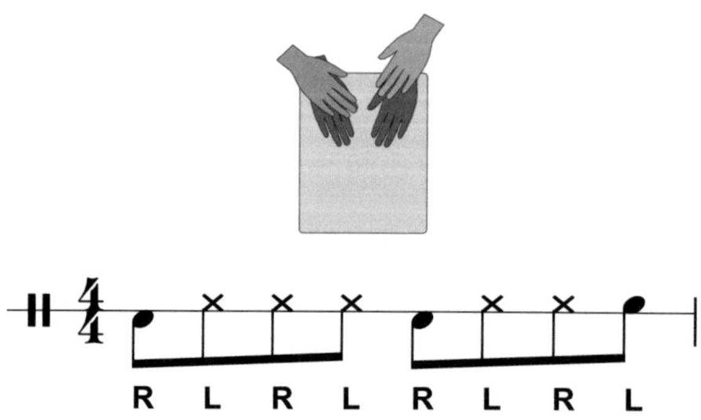

Tongo

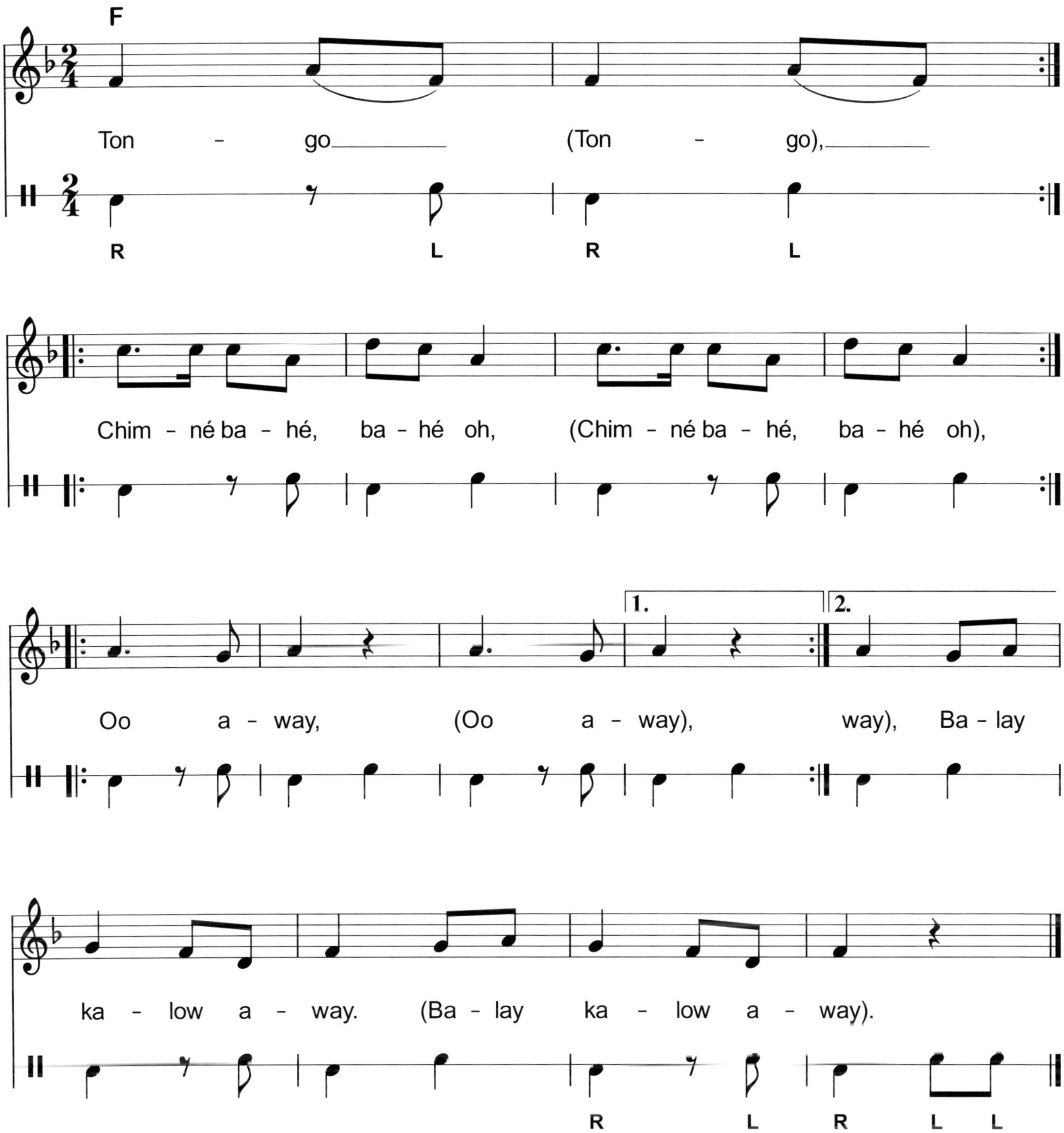

Volkslied von den Salomon-Inseln (Polynesien)

Dieses Echo-Lied handelt von Menschen in langen Booten, die sich über das Wasser hinweg unterhalten.

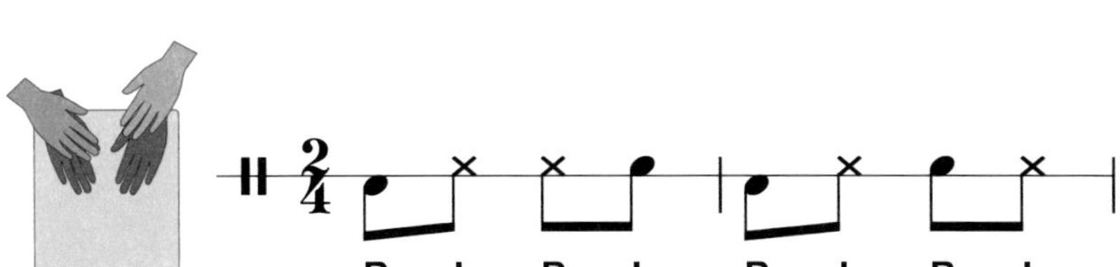

Obo asi me nsa

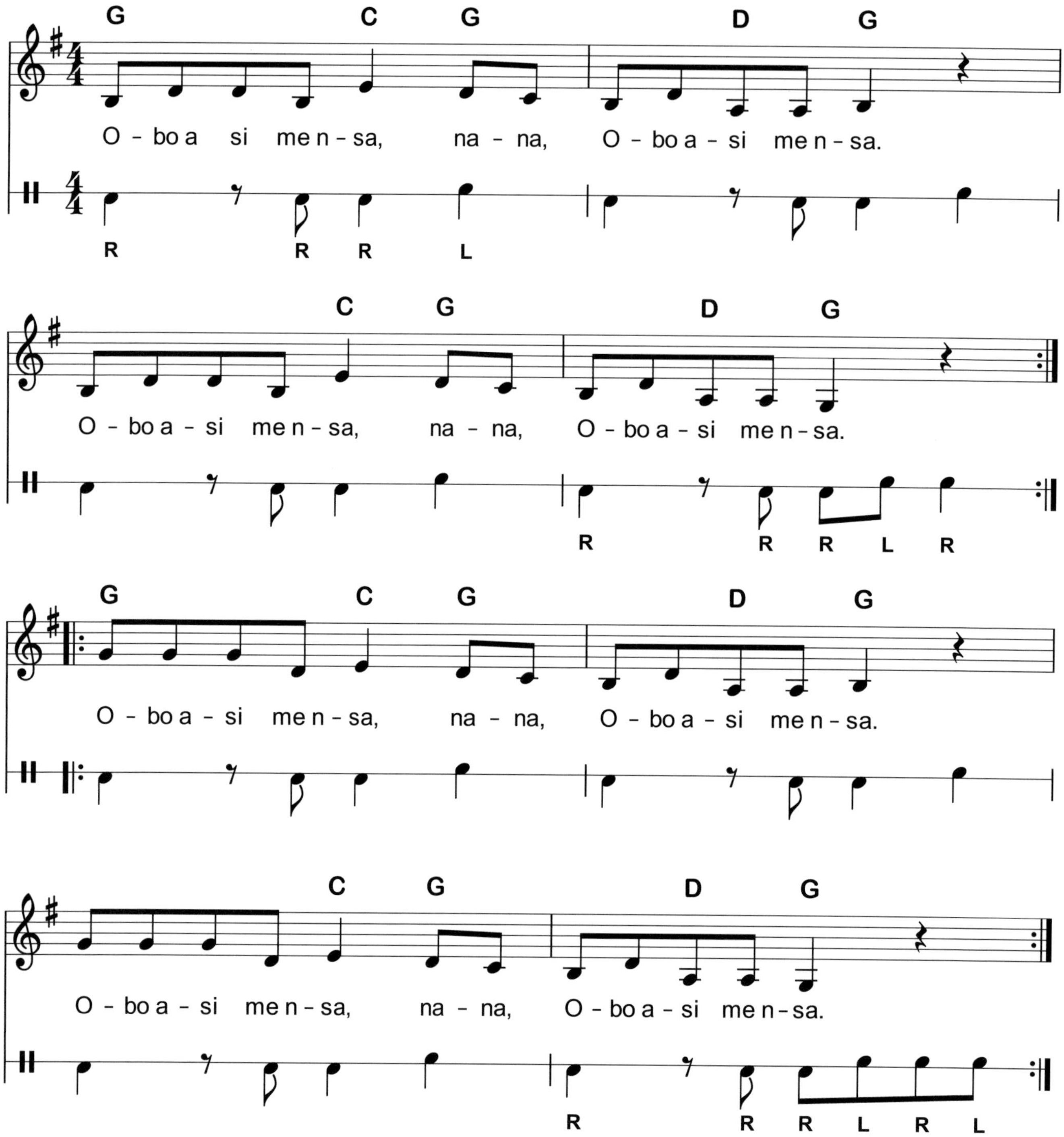

Kinderlied zu einem Kreisspiel der Akan aus Ghana

Aussprache: Obwassimissah, nana, obwassimissah. (*Obwa* fast wie *Oboa*)

Die auf dem Boden sitzenden Kinder reichen synchron zum Taktschlag des Liedes einen Stein oder anderen Gegenstand (oder mehrere) im Kreis herum: Auf der 1. Viertel Schlag auf den Boden, auf der 2. Viertel weitergeben, 3. Viertel Schlag auf den Boden, 4. Viertel weitergeben.

Der Text erzählt von einem Kind, das zu seiner Großmutter sagt, es habe sich beim Weiterreichen des Steines einen Finger verletzt.

Every morning (Kanon)

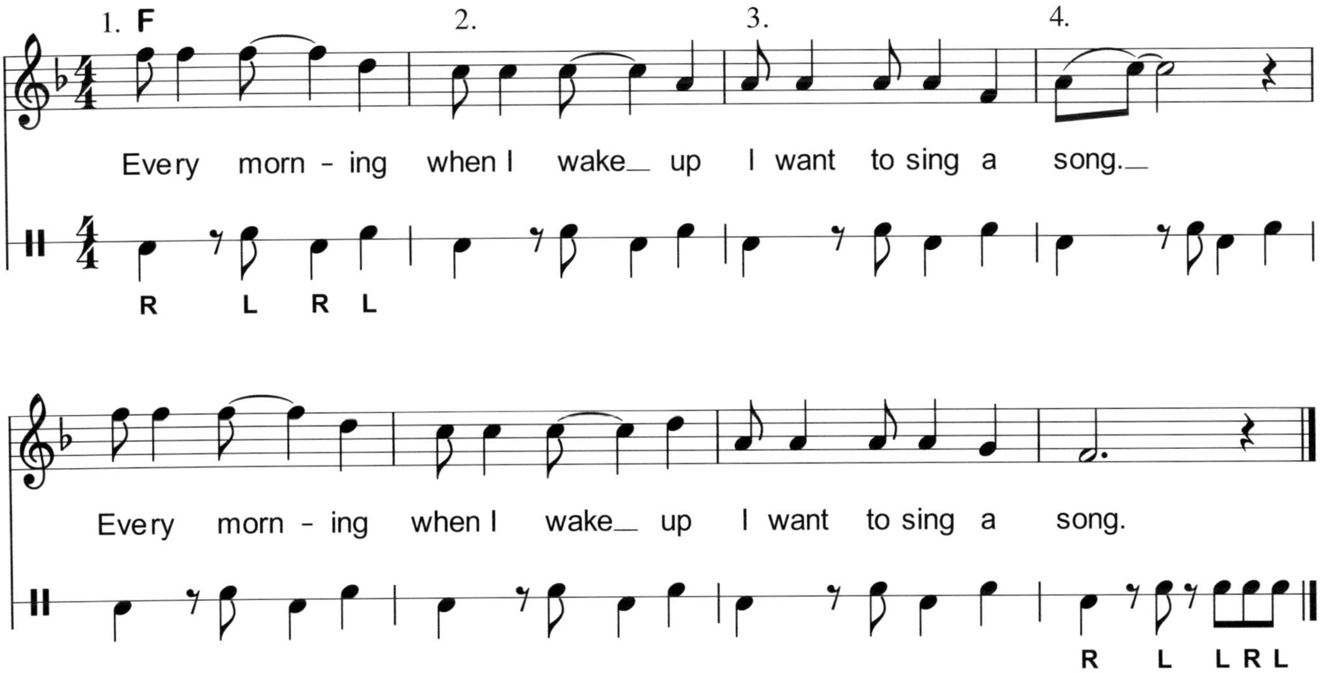

Volkslied aus Afrika

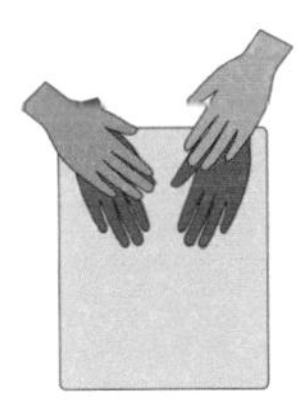

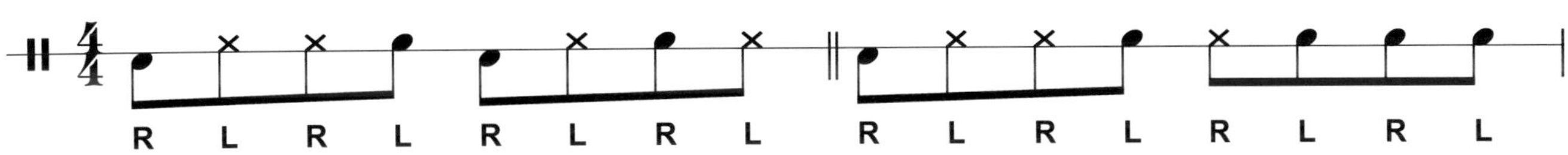

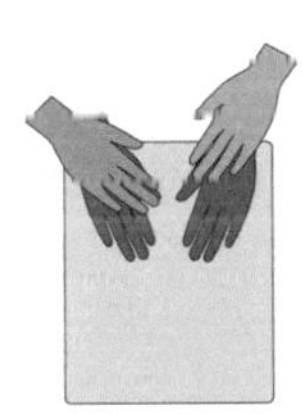

»Obo asi me nsa«, S. 40:

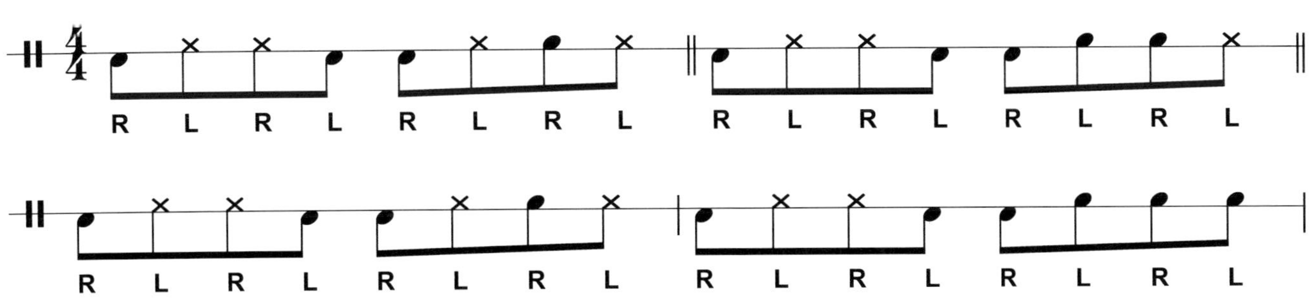

Land of the silver birch

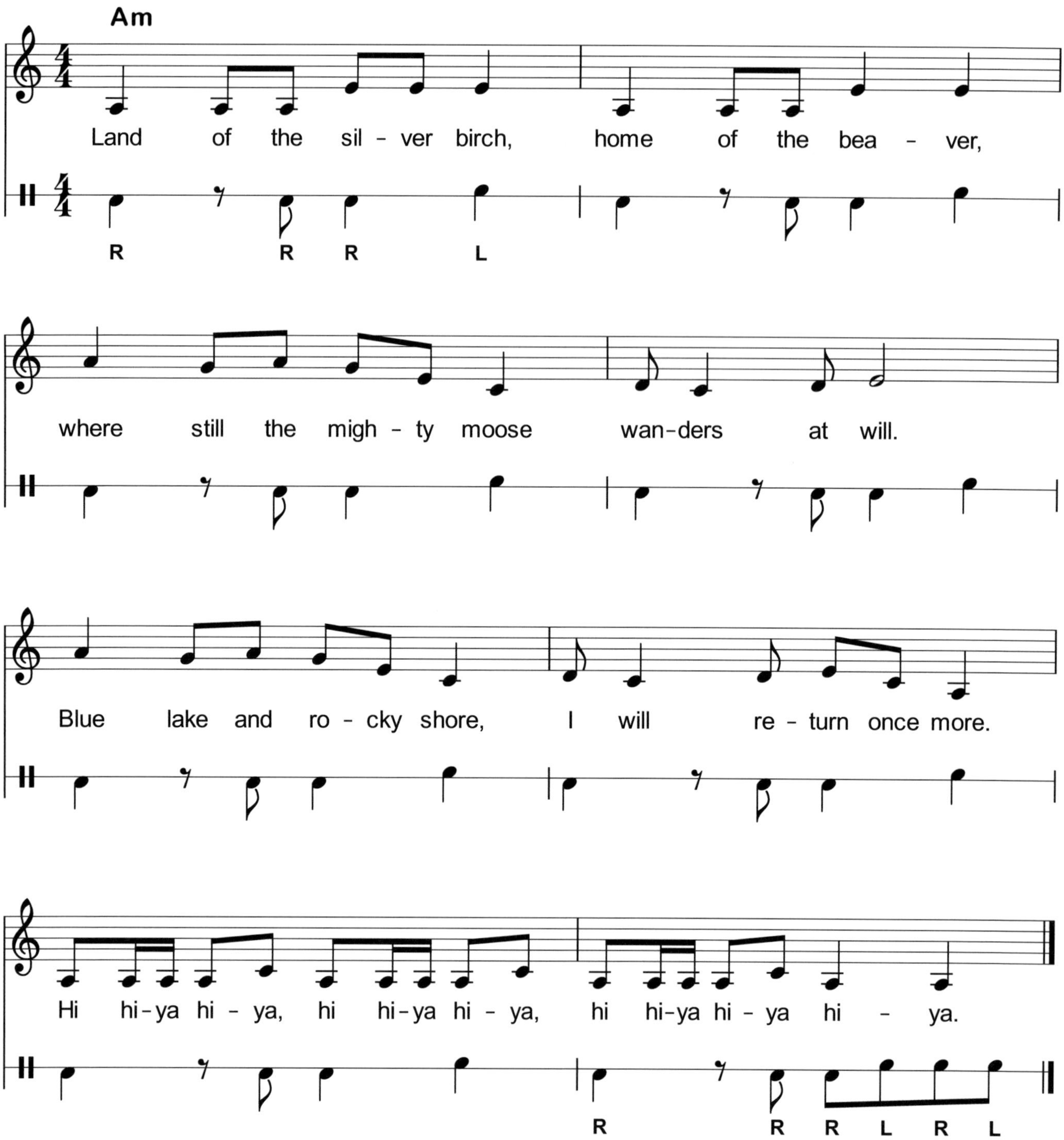

Indianisches Volkslied aus Canada

2. Down in the forest, deep in the lowlands,
my heart cries out for you, hills of the north.
Blue lake and rocky shore, I will return once more.
Hi hiya hiya, hi hiya hiya, hi hiya hiya hiya.

Auch als Quodlibet mit »My paddle's keen and bright«, S. 43.

3. Swift as a silver fish, canoe of birch bark,
thy mighty waterways carry me forth.
Blue lake and rocky shore, I will return once more.
Hi hiya hiya, hi hiya hiya, hi hiya hiya hiya.

4. There where the blue lake lies, I'll set my wigwam,
close by the water's edge, silent and still.
Blue lake and rocky shore, I will return once more.
Hi hiya hiya, hi hiya hiya, hi hiya hiya hiya.

My paddle's keen and bright (Kanon)

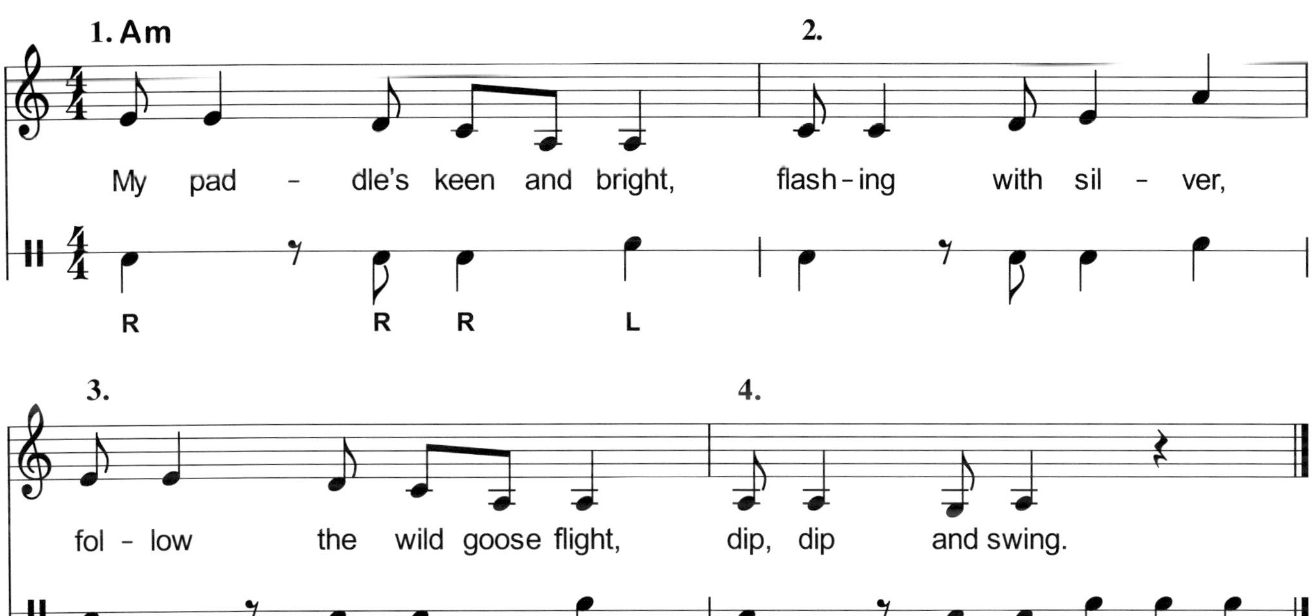

Volkslied aus Canada

2. Dip, dip and swing her back, flashing with silver,
follow the wild goose flight, dip, dip and swing.

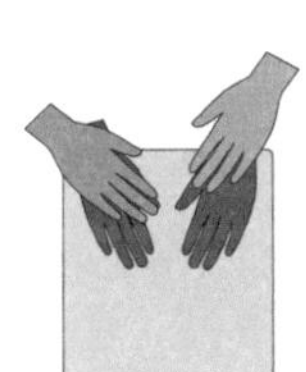

auch zu
»Land of the silver birch«, S. 42:

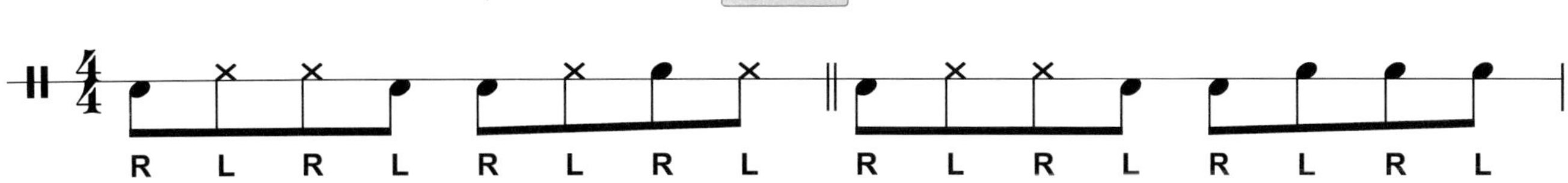

Mister Rabbit (Kanon)

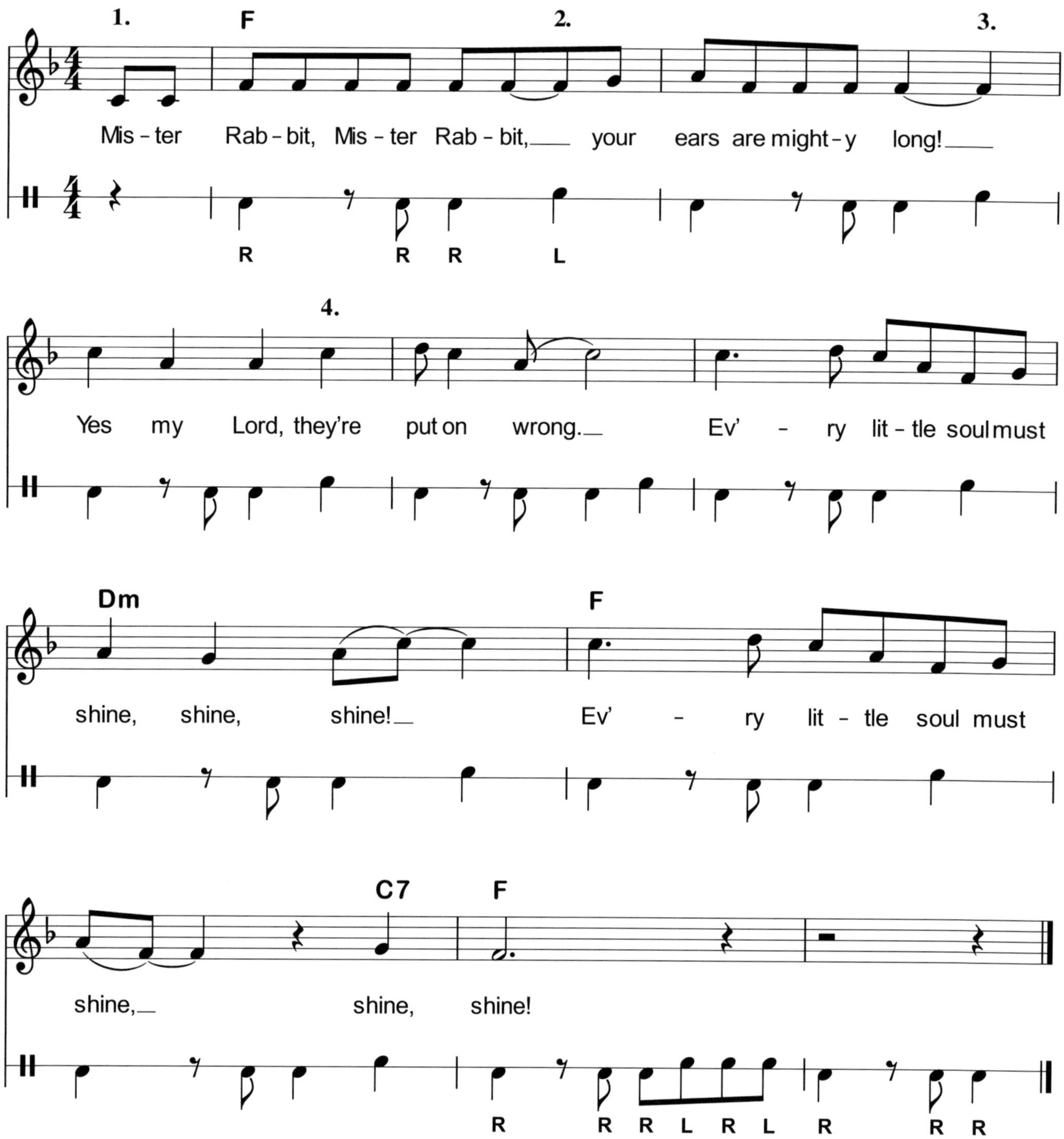

Afroamerikanisches Spiritual

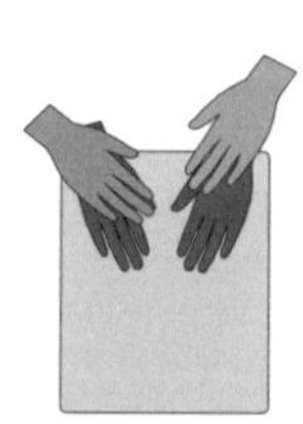

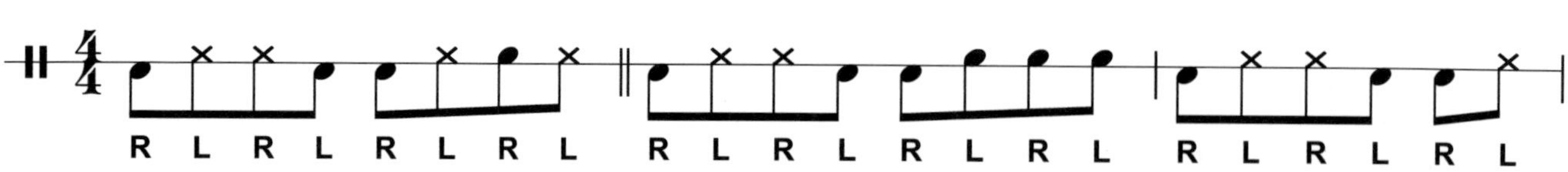

Atte katte nuwa

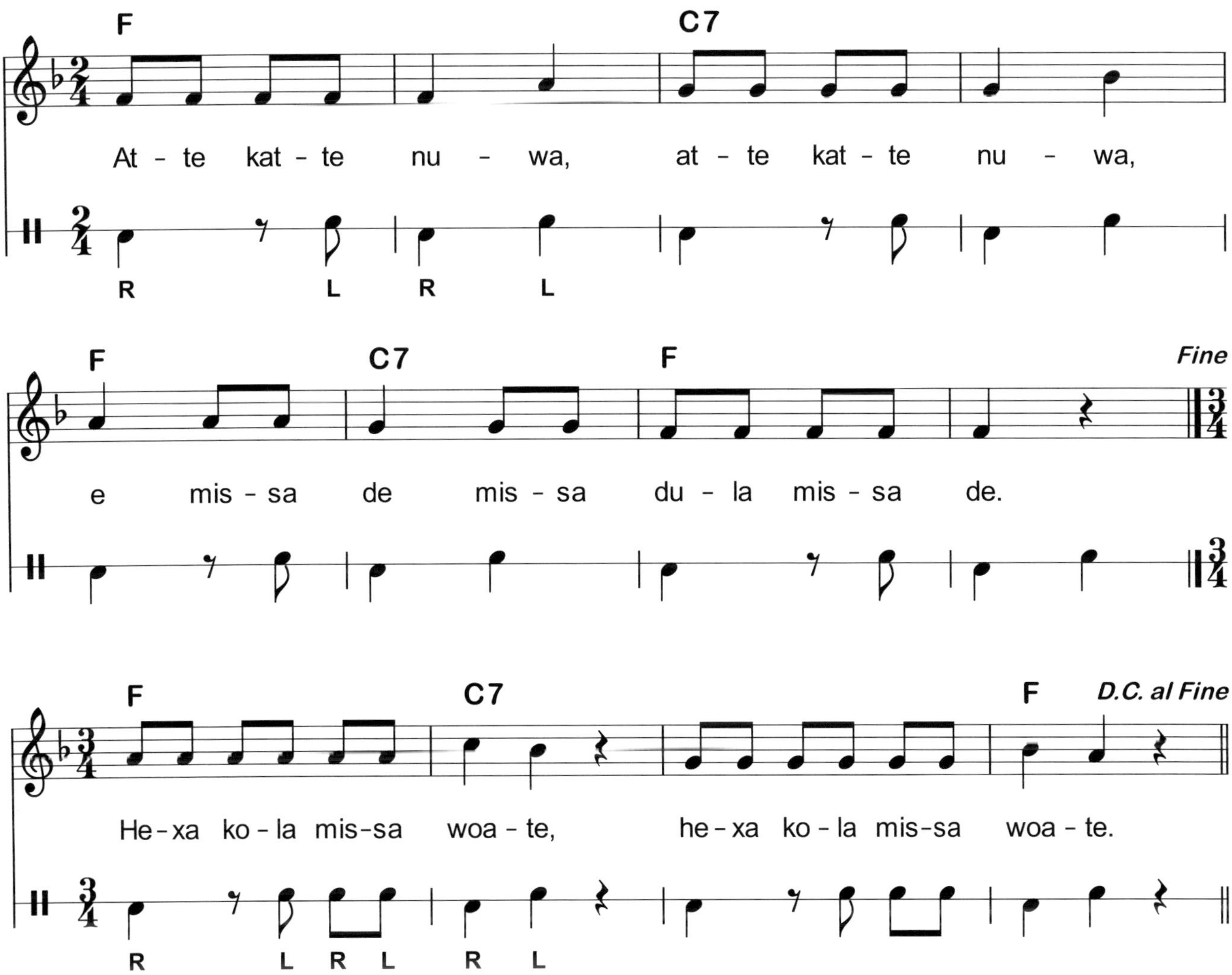

Kinderlied aus Lappland

Der Rhythmus der Melodie mit Taktwechsel lässt sich auf der Cajon durchgängig mit beiden Händen abwechselnd schlagen, entweder als Tipp, Ton oder Bass bzw. gemischt: z. B. alle Achtel als Ton, die Viertel als Bass (hier in Takt 5 und 6 mit der Handfolge: R R L | R R L).

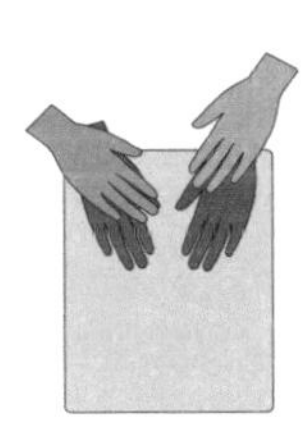

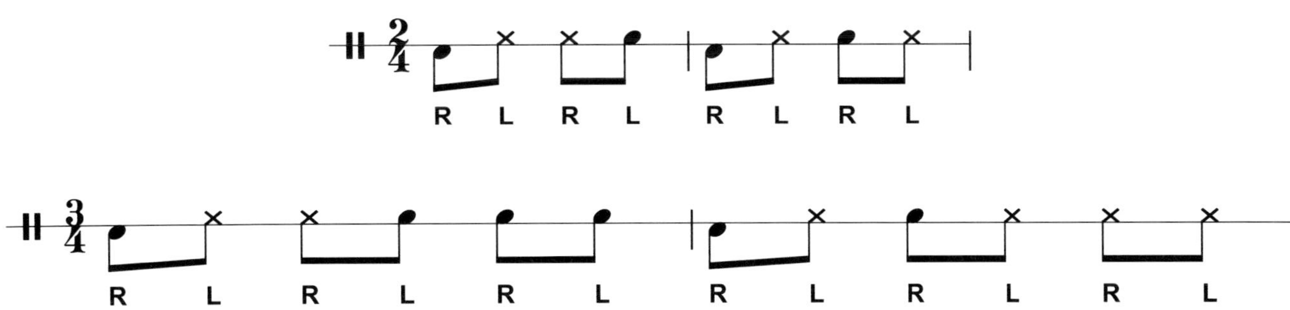

The river is flowing

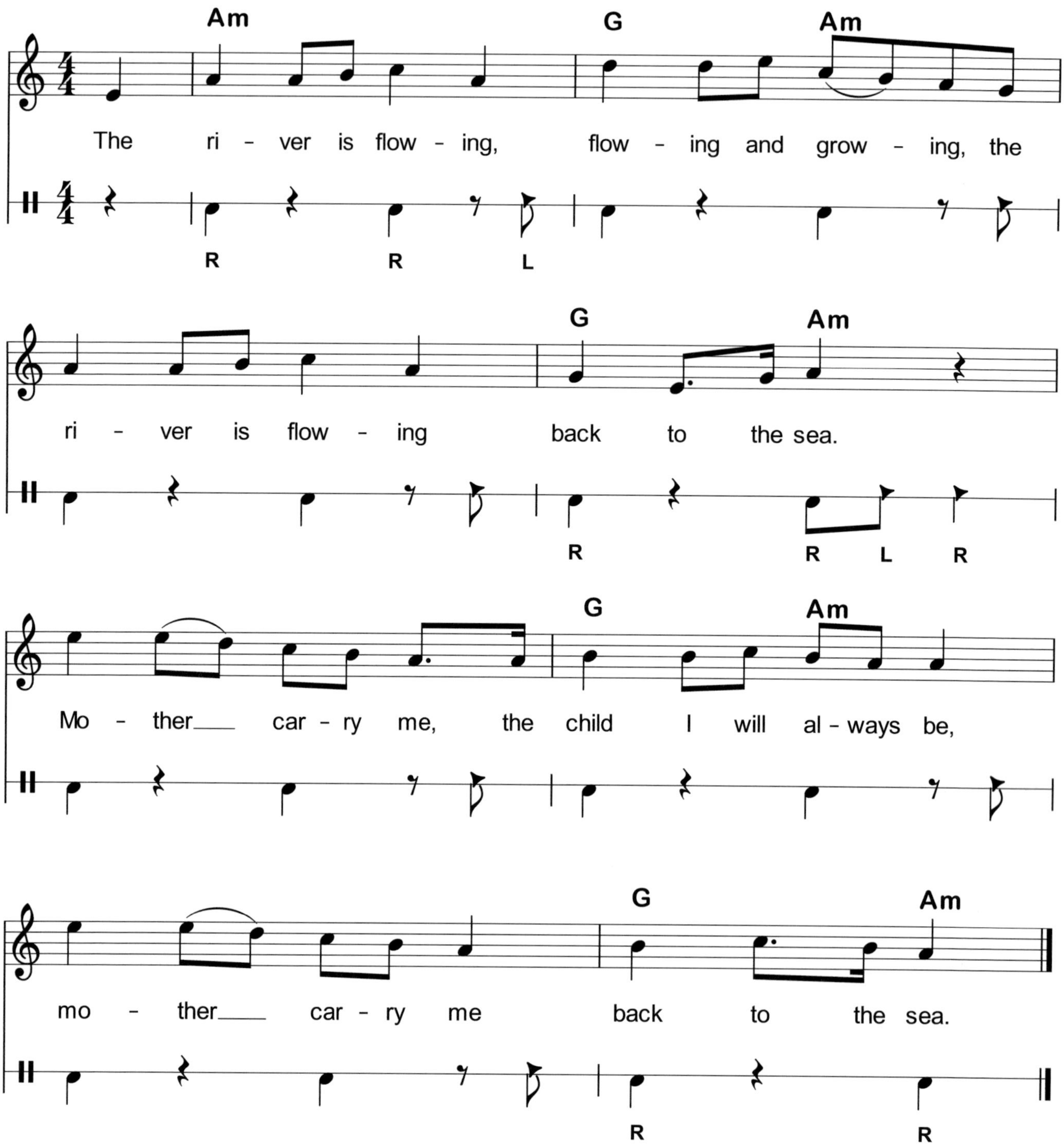

Lied der Indianer aus Nordamerika, übermittelt von Sun Bear (1929–1992),
Medizinmann vom Stamm der Chippewa (Ojibwa).

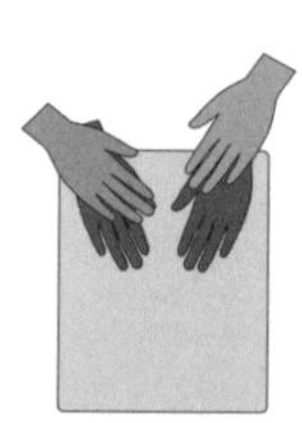

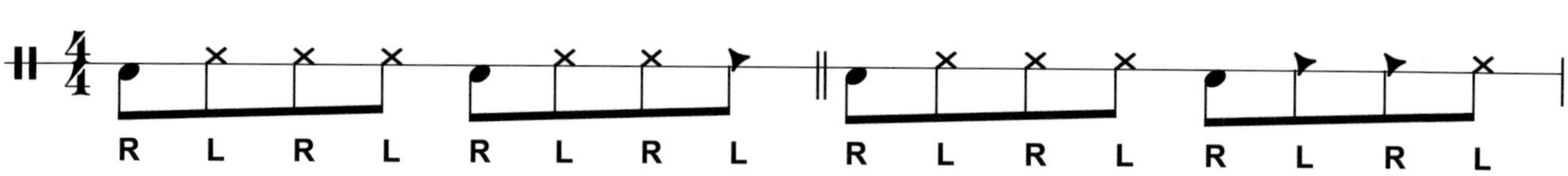

Chatter with the angels

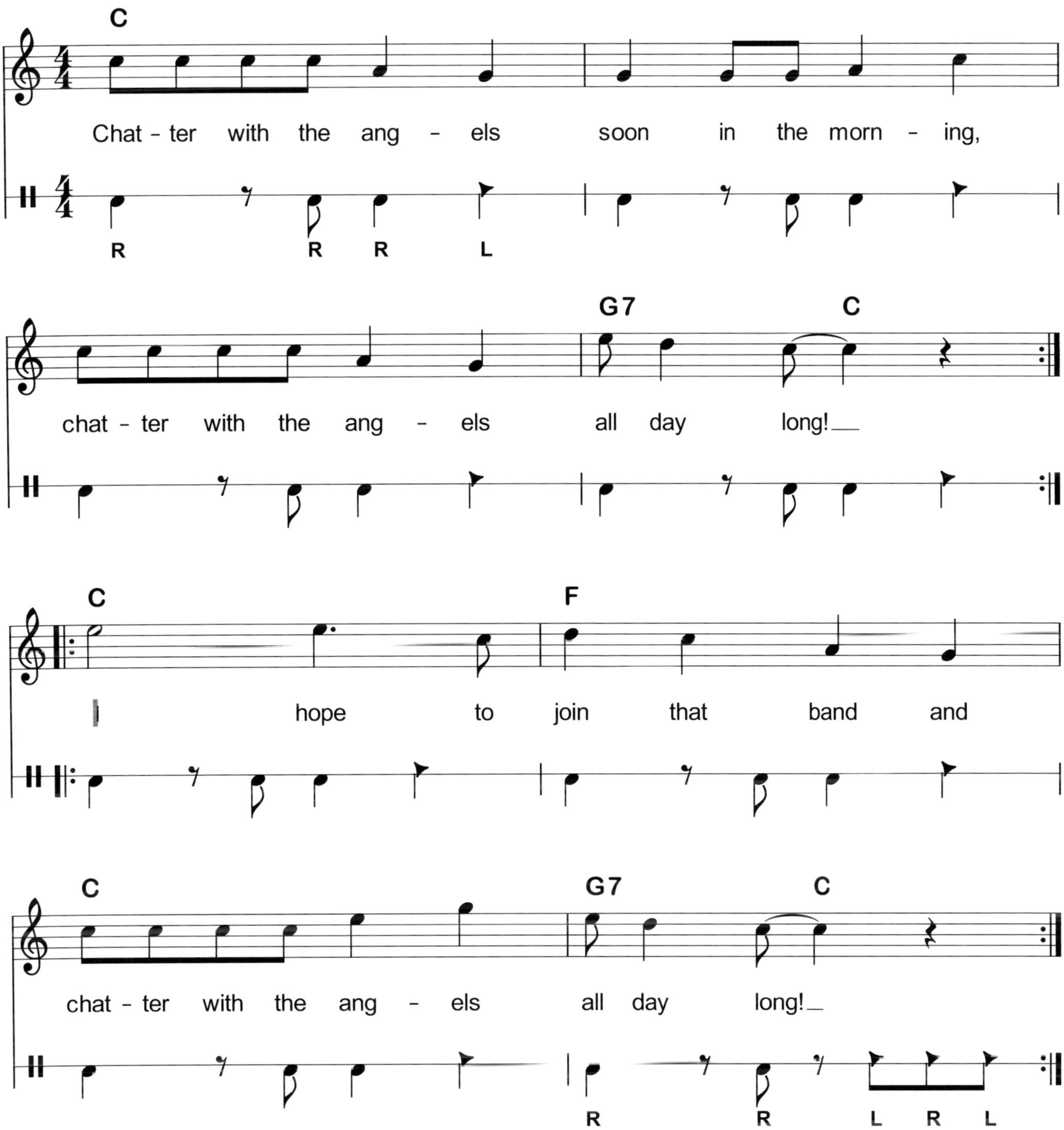

Afroamerikanisches Spiritual

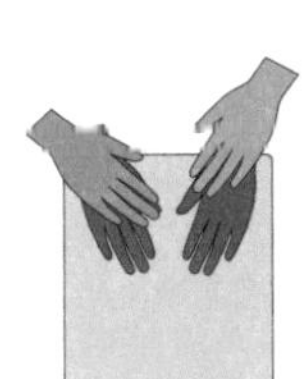

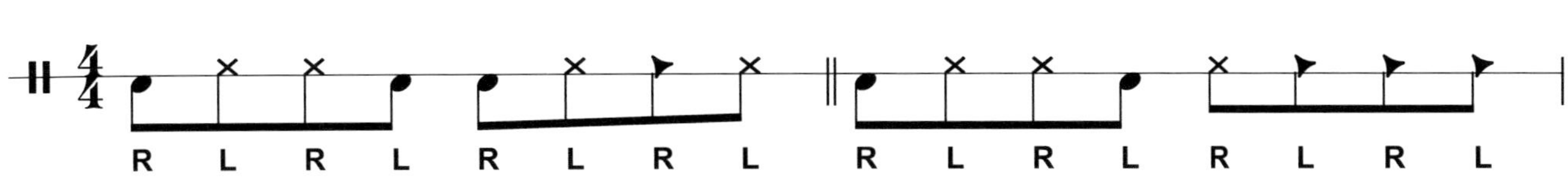

Noten im Kompost-Verlag

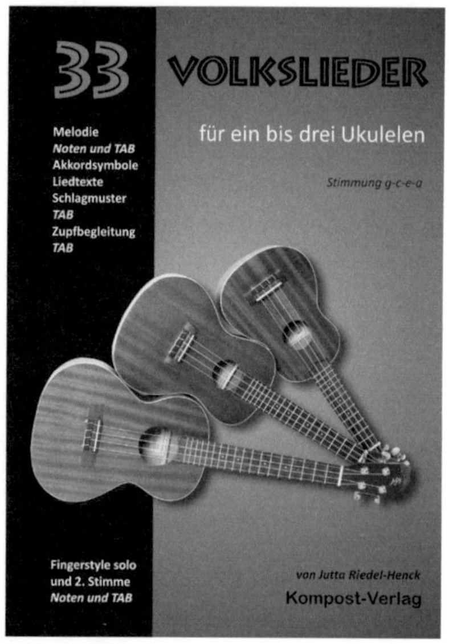

Jutta Riedel-Henck

33 VOLKSLIEDER
für ein bis drei Ukulelen

Stimmung g-c-e-a

Ringbuch, 21 x 29,7 cm
132 Seiten
Ladenpreis: € 22,–
Erscheinungsjahr: 2013
ISBN 978-3-9802341-7-7

auch als E-Book (pdf)
im Verlagsshop: € 10,–

33 Volkslieder bearbeitet für Ukulele Fingerstyle Solo und 2. Stimme (Noten und TAB), Melodie-Spiel (Noten und TAB) mit Zupf- und Schlagbegleitung (TAB), Akkord-Symbolen und Liedtexten; unterschiedliche Schwierigkeitsgrade für das Zusammenspiel von Einsteigern und Fortgeschrittenen, Schülern und Lehrern; mit hilfreichen Tipps und liebevollen Illustrationen von Jana Henck. Lese- und blätterfreundliche Ausstattung: Großformat, Ringbuch.

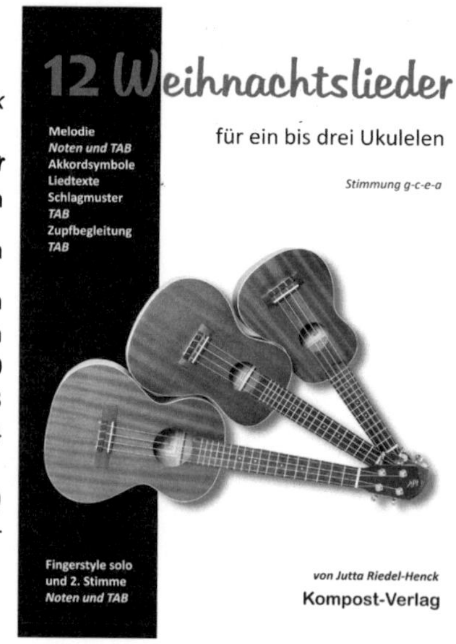

Jutta Riedel-Henck

12 Weihnachtslieder
für ein bis drei Ukulelen

Stimmung g-c-e-a

Paperback, 21 x 29,7 cm
48 Seiten
Ladenpreis: € 9,50
Erscheinungsjahr: 2013
ISBN 978-3-9802341-8-4

auch als E-Book (pdf)
im Verlagsshop: € 5,–

12 Weihnachtslieder bearbeitet für Ukulele Fingerstyle Solo und 2. Stimme (Noten und TAB), Melodie-Spiel (Noten und TAB) mit Zupf- und Schlagbegleitung (TAB), Akkord-Symbolen und Liedtexten; unterschiedliche Schwierigkeitsgrade für das Zusammenspiel von Einsteigern und Fortgeschrittenen, Schülern und Lehrern; mit hilfreichen Tipps und liebevollen Illustrationen von Jana Henck.

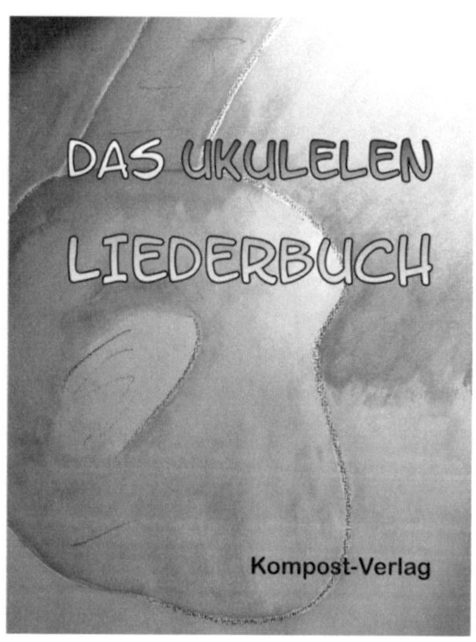

Jutta Riedel-Henck

DAS UKULELEN LIEDERBUCH
Stimmung g-c-e-a

Ringbuch, 17 x 22 cm
320 Seiten
Ladenpreis: € 22,90
Erscheinungsjahr: 2014
ISBN 978-3-9802341-9-1

auch als E-Book (pdf)
im Verlagsshop: € 10,–

219 volkstümliche und eigene Lieder aus aller Welt, 1-Akkordlieder, Noten- und Einsingübungen, gegliedert in Themenbereiche: Jahreszeiten, Heimat, Liebe, Gesellschaft, Alltag, Spiel, Geburtstag, Kanon, Ukulele, Weltmusik, Schlaflieder, Spiritual, Weihnachtslieder. Alle Lieder mit Melodie (Noten und TAB), Texten und Akkorden, Griffdiagrammen, Schlag- und Zupfbegleitmustern für Ukulele in C-Stimmung (g-c-e-a). Lese- und blätterfreundliche Ausstattung: Ringbuchbindung.

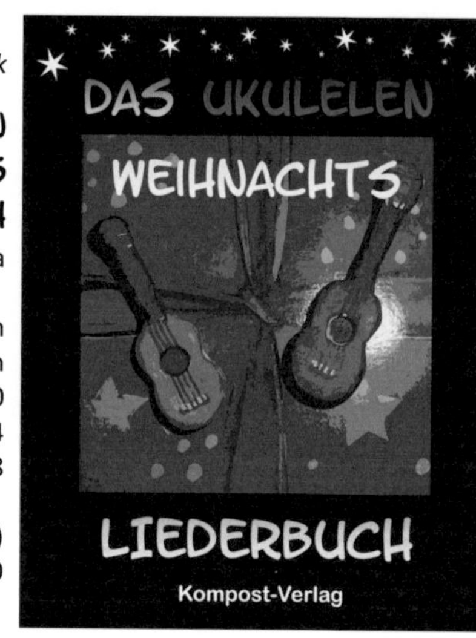

Jutta Riedel-Henck

DAS UKULELEN WEIHNACHTS LIEDERBUCH
Stimmung g-c-e-a

Paperback, 17 x 22 cm
116 Seiten
Ladenpreis: € 10,90
Erscheinungsjahr: 2014
ISBN 978-3-945793-00-8

auch als E-Book (pdf)
im Verlagsshop: € 5,50

50 Weihnachtslieder aus aller Welt, zusammengestellt und bearbeitet von Jutta Riedel-Henck. Alle Lieder mit Melodie (Noten und TAB), Texten und Akkorden, Griffdiagrammen, Schlag- und Zupfbegleitmustern für Ukulele in C-Stimmung (g-c-e-a).